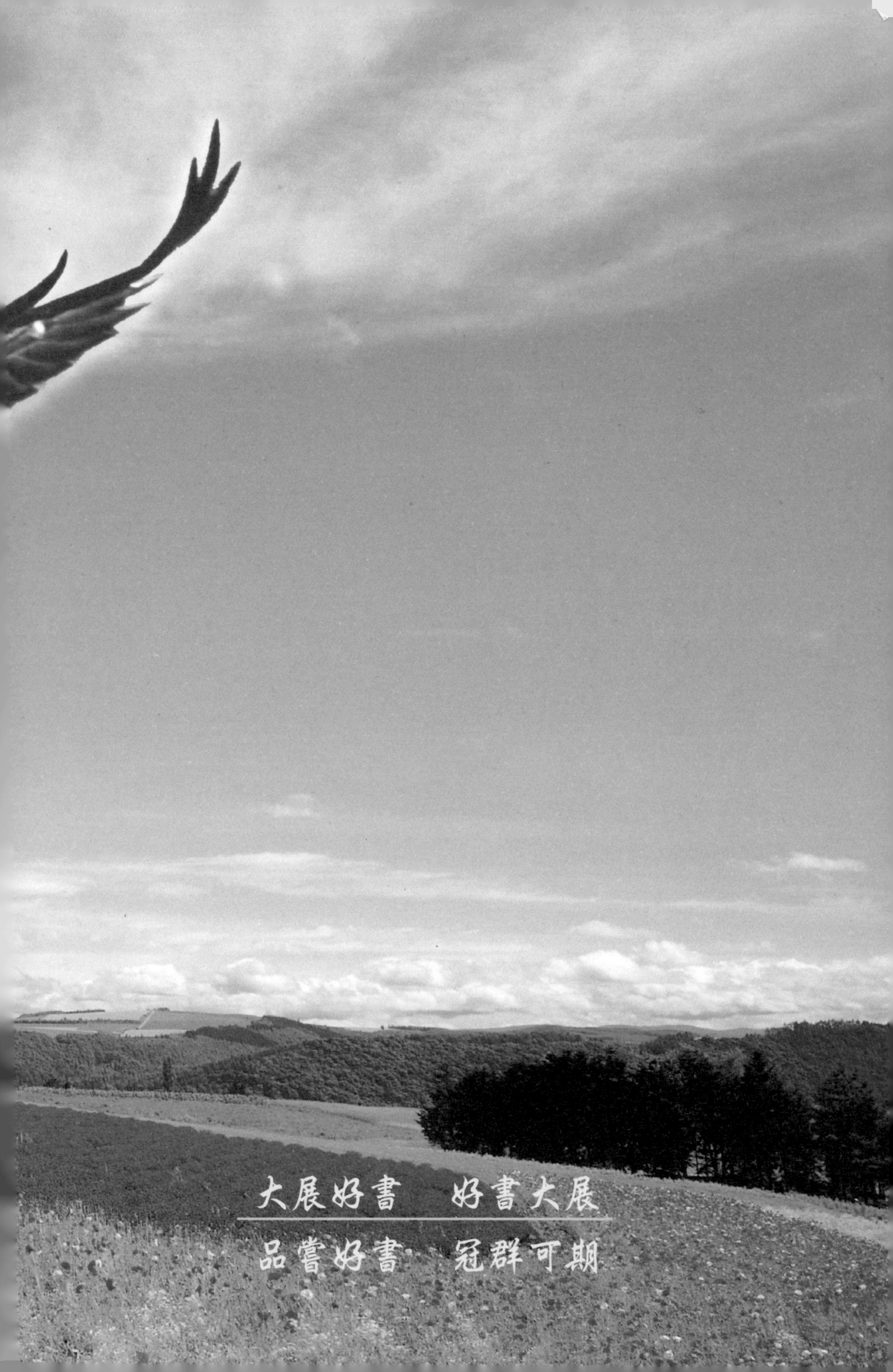
大展好書　好書大展
品嘗好書　冠群可期

大展好書　好書大展
品嘗好書　冠群可期

親子系列

6

用心教養孩子

王欣筑／編著

大展出版社有限公司

序言

現代的父母在繁忙的事務中，仍須付出心力去教養孩子，但是，往往父母付出的金錢、時間、精神在孩子身上，所得到的卻是負數。這使得父母不禁感嘆，孩子不能體會父母的用心良苦。

父母總希望孩子養成良好的生活習慣，要他們自己整理房間，自己安排讀書，但在孩子的世界裡，總嫌父母嘮叨。孩子由於父母的過度溺愛，培養出有如溫室花朵般，似乎一切的事情有父母擔當，孩子就「樂觀其成」，完全缺乏主動、積極。

「十年樹木，百年樹人」，小樹給予太多的水會被淹死；沒有了水也會枯死。千萬別給孩子太多的壓力，及權威式的教育，尤其不要以自己的眼光去看孩子的事。給孩子時間、機會、空間去摸索、去體會、去成長。

每一位父母在教養孩子的過程中，難免面臨一些問題，也難免感覺心餘力絀，不知如何調適。管教孩子，最忌情緒化，往往父母脫口而出的一

句話，對孩子具有激厲或扼殺的影響，要教育出人格穩定的孩子；必須要有心緒堅定的父母，時時冷靜用「心」思考一下親子的關係，以身作則才是管教兒女的捷徑。

本書的內容是根據美國心理療法研究權威艾瑟雷的交流分析的理論及實際經驗，爲家有中、小學生的母親們闡述，「該如何使孩子產生意願？」的問題。

本書若能有助於爲親子關係感到煩惱的父母親，乃是本社無上的期盼。

目錄

目錄

第一章

孩子爲何不聽話？

——從愈努力結果愈糟的迷途中脫身而出

自己的孩子愈來愈不聽話

啊！又說出口了！

孩子懷恨地低下頭，一副垂頭喪氣的樣子。

現在，這個孩子的臉上是什麼表情呢？

耳根漸漸地泛紅。

細小的肩膀不停地顫抖著。

也許氣忿不平而卻強忍著不哭出來吧。

心想應該安撫他一下，於是伸出手去，然而孩子突然轉過身去，霹哩啪啦地往對面跑去。

他的背影似乎在如此地喊叫著：

「媽媽什麼都不知道、對我一點都不了解、說什麼也沒用、每次都這樣、動不動就發脾氣、總是忙個不停、我的話根本不放在心上、只會生氣、每次都這樣！我根本就是多餘的。」

早上自己還立下誓約，今天絕對不對孩子發脾氣。但是，一忍不住又說出口了。

「你怎麼每次都這樣呢！什麼時候才學會啊！我是為你好才說的喔！不要讓媽媽傷腦筋啊！」

明明知道這些話只會使自己的孩子更消沉，但是，卻又拿沒有回答的疑問和威脅加上懇求與牢騷對孩子發洩。自己的孩子本來應該愛他……。他是我懷胎十月，經歷劇痛才產下的孩子。怎麼會討厭他呢？但是，一看到總是毛毛躁躁而不聽話的孩子時，忍不住就要責備他……。而到了夜裡，看到他那一臉天真無邪而安適的睡臉時，禁不住又要嘟噥說：

「對不起啊！媽媽又說錯話了。」

為人父母者至少都有一、兩次這樣的經驗吧。

在餵食牛奶、更換尿片的嬰兒時代，孩子可愛的不得了。等到了牙牙學語、咿咿呀呀地說些不像話的話時，更令人覺得可愛。然而不知從何時開始，竟然開始會頂嘴了。

到底是怎麼回事？自己懷胎十月生的孩子、吃自己的奶、日夜細心呵

護長大的孩子……。曾幾何時，可愛的孩子竟然變得面目可憎。

親子間代溝形成的時期

自己塑造出來的另一個自己的孩子，卻不聽使喚。我們可以冷靜地面對其他的孩子，一旦碰到自己的孩子卻經常感情用事。尤其是身為母親者——。

當孩子成長到了小學高年級或讀國中時，這個問題漸漸地變得深刻。因為，不僅是家裡教養的問題，其中還有學校方面及功課上的問題。

即使在親子親密如一體的過去，母親與孩子間代溝的出現也是在這個時期。做母親的當然會想盡辦法努力地想抹平這個代溝。但是，其大部分的努力多半沒有什麼效果，而只留下徒勞無功的慨歎。

若僅是徒勞無功還無所謂，有時甚至愈努力，卻愈發覺與孩子間的代溝愈來愈大、愈來愈深。妳該怎麼辦……。

在您徬徨不知所措之時，何不冷靜地重新思考一下親子之間的關係

呢！

孩子的出生對母親及孩子而言，都是從未有過的經驗。

但是，孩子和母親之間的體驗卻有所不同。

孩子從出生後就是孩子。對孩子而言，母親一開始就是母親。但是，母親是生了孩子之後才變成母親。

孩子從出生落地之時即扮演孩子的角色，而母親從一名女人、妻子的身分，沒有任何的預演，即因孩子的出生而必須扮演母親的角色。母親是第一次扮演母親的角色，但是，對孩子而言很難想像母親也曾有過一段不是母親的時期。因為，他們一到人世，睜眼所看到的就是母親。

女演員為了扮演舞台上的某個角色，必須反覆數次的練習。當真正開幕上場演戲之後，才由觀眾評定練習的成果。

但是，母親沒有任何預演的空檔，一上陣就是主角。一旦為人母親，就必須一生扮演母親的角色。所以理所當然的，必無法行止得宜。當然也無需感到悲觀。

但是，碰到事情不順遂時，腦中就拼命地想辦法或盡一切努力要使一

切獲得圓滿。這可以說是對孩子的關愛吧！於是閱讀育兒指南、聽專家演講或請教前輩。然而，有的人認為教育孩子必須從愛出發，有人則主張應採取斯巴達式的教育方式。對教育孩子的方法眾說紛云，結果只令母親們更感到混亂。

以身作則才是育兒的捷徑

另外，有關育兒方式的精神論，譬如，必須用愛跟孩子接觸、和孩子必須經過充分的溝通後再決定事物的許可、父母不可違背與孩子間的約定等等，閱讀本書的為人母親者，對這些道理想必都已經耳熟能詳了吧。

不但耳熟能詳，而且當與人談起育兒的方式時，或許也能很自信地侃侃而談吧。但是，事實上自己的人生、孩子的事情也許就不那麼順利了。這是為什麼？

有些人認為，所謂的「教育」，父母親是辦不到的；也有人認為可以從事「教育」的人，應該是人生經驗豐富、歷鍊過各種酸甜苦辣的祖母、祖父吧。

換言之，尚處於人生中期的父母，對自己的生活已分身乏術，那能顧及孩子的教育問題，自己本身正是需要教育的時候。

但是，從前的大家庭制度已經瓦解，現在多半是小家庭的結構。有許多孩子不認識祖父、祖母。在這樣的時局下，何不勇敢地負起孩子和自己的教育問題呢？

一想到教育孩子，就令人感到責任重大，也令人覺得有一些驕傲。雖然並不明確地知道如何教育孩子，然而一想到不教育不行就覺得不安，甚至變得歇斯底里。這種不安會立即傳達給孩子。

要教育出人格穩定的孩子，首先就是必須要有心緒堅定的母親。同時，具有積極性的母親才是教育孩子具有積極性的根本。

首先，我們就從認識、反省「啊！怎麼說了這些話。」的自己，以及到底何謂被反省的自己的問題開始吧。

所有問題的解決，不論是那一種狀況，最重要的是從「自己」開始。

認識「心態的法則」

孩子由小學高年級到中學的期間，通常都不太願意和父母親交談。除非碰到重大的問題，否則孩子已經成長到已經不需要倚賴父母，而可充分地過日常生活的程度。同時，親子碰面的機會及共通的話題也愈來愈少。不論問孩子什麼，所聽到的回答只是簡短的「喔」「沒什麼」「和你沒關係吧」。

此時，若想要以父母的立場來威嚇孩子「你這孩子，對父母說話的態度是這樣的嗎？」恐怕會遭到孩子伺機已久的反擊。

但是，即使懊悔自己未能好好地把孩子教育好也為時已晚。怠慢與孩子之間維持良好關係、建立雙向溝通的報應已經來臨了。那麼，該如何才能與孩子建立良好的溝通關係呢？

在此介紹「交流分析」（Transactional analysis）簡稱為T・A。

Transact的本來意思是「執行業務、處理交涉」在其形容詞後添加

analysis（分析）。

「交流分析」是指針對人際交流關係的一種分析，是在一九五五年由繼承心理學家佛洛依德學說的美國心理學者，艾力克・博恩所開創的理論。

近年來分析有關人類大腦的構造與機能而使左、右腦構造與機能成為各界談論的焦點。相對地，T・A則可說是心的構造與機能的分析。自己的心雖然是屬於自己的東西，人卻無法隨心所欲的操縱它。心到底具有什麼構造呢？

處於這複雜的現代社會，染患心病的上班族與日俱增。在美國的產業界，這個態勢已經是刻不容緩的課題，於是為了解放染患心病者的心或使其實行的解放做自我調整（Selfcontrol）而開發了T・A。

T・A和以往充滿專門術語的心理學不同，一般人也可以輕易理解。因此，在美國有關T・A的著述造成前所未有的轟動。目前T・A在各方面的應用法，已經在世界各地迅速地推廣。

T・A的優點是，只需憑藉一些技巧即能迅速地洞察人的心態，它不

只對自我有利，而也能讓自己真正理解自己，並使自己獲得解放後，使人我彼此獲致幸福。要真正地認識自己首先必須要解放自我的心。

在此不談艱深的道理，只談如何將T・A運用在教育的範疇內。既然利用T・A能使上班族獲得身心健康、使企業界因而提高其業績。同樣地它也能改善親子間的溝通，培育出具有積極性的孩子。

有許多母親心急如焚，滿臉困惑地找專家商量說：「我的孩子為什麼不用功呢？」「無法乖乖地待在書桌前」「改不了說髒話的癖性，枉費我每天苦口婆心叮嚀」。

母親們無不每天戰戰兢兢地不敢稍有怠慢地督促、呵護著孩子，並向專家徵詢意見。但是，孩子的表現卻始終事與願違。

母親所消耗的心血與勞力之所以沒有獲得相當的回應，原因乃在於其使用方法沒有原則。正如在迷路中慌張地左右亂闖找尋出路，若只是採取當場的應急措施，永遠也走不出迷津。

而母親的徬徨失措會在孩子心中萌生不信任感。

T・A是認識人的「心態法則」，利用適合其法則的恰當用語改善人際關係的方法。

請以冷靜而謙虛的態度試試看T・A的方法吧。在我們平常不經意所使用的言詞中，可能使自己的孩子因而受惠，也可能摧毀孩子的心智。而T・A正是指點您如何趨善避惡的妙方。

第二章
用分析曲線圖診斷自我的性格

——運用交流分析調查自己的優、缺點

五個心支配你的行動

在T．A中把心分成五類。

在漫畫等書刊上，經常可見漫畫人物為某事猶豫不決時，旁白中即出現「好心」和「壞心」交戰的場面。而T．A認為人有五種心。

譬如，購物途中碰見交通事故時，您有何感想呢？這時腦海中所想像的事物一定不單純。或許會有數種感情或想法在腦海中穿梭。

●啊！真討厭。趕著購物又碰上交通事故，今天的行程又亂了。

●年紀輕輕的女孩就開車亂跑，當然會發生車禍囉，真想看看她的父母長得什麼樣子，竟然買車子給還無法完全負責任的孩子。

●有沒有關係啊？有沒有人報案啊？

●到底是怎麼撞上的？看那個樣子速度大概很快吧。不知道有沒有投保險？

●撞得可真厲害，整部車子凹陷下去。糟了、糟了。

● 還是趕快離開這裡，以免被牽扯進去。
● 好像有人拍了照，明天一定會上報。
● 那個小姐即使活了命，也一定變成植物人，她的父母真可憐……。

想一探究竟的多管閒事的劣根性，身為市民的責任感，為人父母者的感情等，百感交集。換言之，雖然最後你只有採取一個行動，然而心中已經微妙地產生動搖。

真正的自己到底在那裡？每一個心態似乎都是真正的自己，也似乎都不是真正的自己。在眾多的感情或想法中該選擇那一項？其選擇的方式及產生行動的方法就形成了各式各樣的性格。

如前所述，T・A認為人有五個心（自我狀態），不過只可大致分成三類。其一是像父母一樣的自我狀態，這個狀態去取 Parent 的第一個字母而稱為P的狀態。其二是像孩子的自我狀態，這也是取 Child 的第一個字母稱為C的狀態。另一個則是像成人的自我狀態。取 Adult 的第一個字母，稱為A的狀態。

利用自我分析來解釋三個自我亦即P、C、A的心態以建立更好的人

際關係就是T・A的方法。

✽P→舉止行動像父母的心態

管教孩子的父親型的心是CP

所謂父母親（P）的狀態是指舉止行動像父母的心態。其中包括斥責的情況，例如，斥責孩子說：「你怎麼可以這麼做。」以及安慰的情況，例如，安慰孩子說：「不要怕，沒關係」等兩種。

所以，為了使其內容更為明確，P的部分分為兩項。如前者帶有父親型的批判精神（Critical Parent）簡稱為CP和像後者一般的母親型、保護性的感情（Nurturing Parent）簡稱為NP。無庸贅言，不論大人、小孩都擁有這個要素。而NP的N的語源是Nurse＝護士。

CP是表示我們的人生觀或價值觀。這是重視社會中的規則、規範，為了使生活更美好的建設性的心。其中包含自覺人無法斷絕和他人的交流而生存的事實，並對想做壞事的心態給予批判、處罰的良心的動態。

但是，從另一個角度而言，其中也帶有偏見。

例如，人往往會憑主觀而對別人妄下斷言說：「你啊，真是狗改不了吃屎！」這也是CP的心。

另外，會強制地要求孩子「到了晚上十點，孩子就該上床睡覺」或「孩子不可向父母頂嘴」等有這類斷定性、說教性的說法，也是CP的緣故。

另一方面，人會根據自己的人生觀或價值觀，對自認為不對的事物就表現出斷然拒絕的態度、明確的主張、決斷力等。這也是C的心態。

對幼兒的管教，主要都在CP的心態下進行。教導幼兒在現實生活中最低限度的規矩，若不遵守則給予處罰。

除了幼兒之外，上司斥責部屬說：「你啊，到底怎麼搞的，要說幾次才懂。昨天不是才告訴你要嚴格遵守期限嗎？」以及在家庭中丈夫斥責妻子說：「不要如此驕寵孩子，不是才剛告訴過你嗎？」這類態度也是CP的心。這種態度帶有高壓及說教的感覺。同時，領導團體的統率能力

也由CP產生。

NP是表示安慰、體貼的母親型的心

NP是安慰孩子或他人苦痛的溫柔母親型的心。

考試成績不好，拿著評分不佳的考試卷回家的孩子，會煩惱該什麼時候拿給母親看。因為，從以往的經驗推測，結果一定又要被罰跪。

「我真是差勁……」對於已在內心如此嘟喃而意氣消沉的孩子，賢明的母親絕對不會斥責說：「怎麼又考這種分數！」因為，當事人已經充分地反省了。

相反地，看見手上拿著考試卷磨磨蹭蹭的孩子，趨前安慰他說：

「怎麼啦？發考卷了嗎？」

「……」

「分數不太好，以後再努力就好了。」

若能如此親切地告訴他，孩子的心理將感到多麼地輕鬆啊！

據說，日本的軍人在戰爭中瀕臨死亡時，不再喊叫「天皇陛下萬歲」

	CP（父親型）	NP（母親型）
優點	●理想高 ●具有強烈正義感 ●具有指導力 ●具有領導能力 ●帶有強烈責任感	●親切、體貼 ●喜歡照顧人 ●容易親近 ●帶有安全感 ●老實
缺點	●容易責難、斥責 ●具攻擊性、排他性 ●容易專斷自為、帶有偏見 ●腦筋僵硬 ●自信過剩 ●容易發怒	●容易過度保護 ●容易多管閒事 ●驕寵孩子

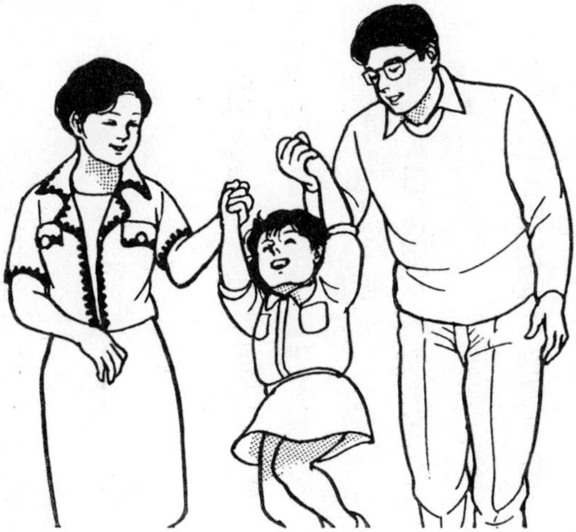

而是叫著「母親！」這一定是渴望NP的呵護吧。

對孩子而言，即使發生令人悲痛的事，亦能得到迴避的場所的安心感會使心情恢復平靜。但是，NP過強時也可能造成過度保護，過度干涉的危險。

管教孩子的CP、NP必須均衡

管教孩子時CP和NP之間的均衡取捨相當困難。如果兩者間失去平衡，會對孩子造成不良影響（參照二十九頁表）。在此暫且把CP與NP區別為父親型的心與母親型的心，不過最近有愈來愈多的父親具有較多的NP要素。相反的，母親則抱有較多的CP的心。

譬如，母親對孩子管教相當嚴厲，而父親則在旁勸解、呵護的情況。父親和母親各自應扮演什麼樣的角色，須因各家庭的情況而異，不能一概而論。然而，總之是要將CP與NP型的心配合良好即可。

試想當有人向我們吐露失戀的情事時，想必大家不但會以CP型的心

態向朋友激厲地說：「要振作起來啊！」同時也會以NP型的心和善地接納對方的訴苦，並安慰對方：「有沒有關係？到底怎麼回事？感到悲傷吧。好好地痛哭一場吧。」

有位詩人曾說：「偉大的人格是兼具男性與女性的人。」

的確如此，現代所謂的好男人，是具有女性般的溫柔，纖細的注意力、體貼等的男性。而所謂的好女人似乎是兼具大膽挑戰人生的勇氣及英勇壯志的女性。

在日漸增加的單親家庭中，母子家庭的母親或父子家庭的父親，有許多人就兼備著NP或CP兩種心態。

✽A→冷靜判斷的客觀性心態

不受感情左右而重視事實或資訊的心

其次是代表成人的自我的A，亦即Adult的A。

這又稱為人類電腦，是最不容易受感情左右的心。

A的自我狀態的優點和缺點

	A
優點	• 理性化 • 現實化 • 不受感情左右、態度冷靜 • 不因多慮而煩惱 • 公平
缺點	• 沒有人情味、冷淡無情 • 容易變成科學、物質萬能主義 • 強詞奪理 • 缺乏體貼心 • 沒有夢想

總而言之，這是重視所有的事實與資訊的心，和哭泣、歡笑、鬧彆扭的心情無緣。隨時收集資料並做綜合整理，冷靜地掌握現實的狀況，藉此引導出合理的結論而下判斷。這也並非成人特有的要素。

舉例而言，看見報紙裡夾著傳單的太太說：

「哇！像這麼漂亮的房子真想住住看。」

這時，CP的心則說：

「買這麼高級的房子，付得起房屋貸款嗎？不久前不是才說過要住獨立門戶的房子嗎？」

但是，NP的心則說：

「好像很滿意的樣子，你大概也想早點買房子，過著舒適的日子吧。」

若是A的心則如此反應：

「場所在那裡？多大？離車站的時間有多少？房屋貸款每月要支付多少錢？如果不是夫妻兩人都工作賺錢大概辦不到吧。」

另外，假設孩子很晚才回家。

CP「你怎麼每次都這麼晚回家啊？是不是又在外頭胡搞了。」

NP「平安無事回來就好了，我一直想著會不會是發生車禍呢，趕快去洗洗手來吃飯吧。」

A「這個月晚上九點過後才回來，已經第三次了。到底是做什麼事才這麼晚回家呢？」

在提出結論之前，以各個角度分析事情的A會先從收集資料開始追究。隨時以平等、公平的態度評價事物的心，對繁忙的現代人而言是非常必要的。不過，若超過限度則過於效率主義，談話了無生趣，而變成失去人情味的人。

A是為了避免他人看穿自己的性格，壓抑自己的心時，經常表現出來的心態。

在西歐對於A給予相當的評價。不過，超過限度時，往往變成科學盲信，物質萬能主義型。在東方則被認為是帶有強詞奪理的性格。

✲C→屬於本能性、感情性，像是孩子般的心

創造性、自發性的根源是ＦＣ

其次是像小孩一般的自我的Ｃ，亦即Child的Ｃ。這個Ｃ和Ｐ一樣可分成兩類。其一是自由的Ｃ，即ＦＣ（Free Child）；其二是順從的Ｃ即ＡＣ（Adapted Child）。

ＦＣ是小孩天生所具有的自我狀態，不受父母管教的部分。以自我為中心、具有充分性、本能性、活動性、充滿著好奇、恐懼並且精力充沛。

碰到喜愛的模型車就叫嚷著「哇！帥呆了，我要那個！」看見路旁盛開的花朵也會感動地說：「啊！好漂亮的花啊！」言談中常有感嘆詞。最近，年輕女孩動不動就驚叫著：「咦，騙人！真的嗎？真難以相信啊！」乃是源自這個ＦＣ。

這是屬於幼兒型的精神活動。

但是，想哭就哭、想笑就笑，開朗活潑的ＦＣ不受任何事物所束縛。

C的自我狀態的優點和缺點

	FC	AC
優點	• 開朗、天真浪漫 • 直接的感情表現 • 強烈的好奇心 • 具有直覺力、創造力 • 具有積極性	• 具有協調性 • 順從 • 耐性強 • 處事慎重 • 會顧慮他人
缺點	• 衝動的行動 • 任性 • 容易迴避責任 • 易受煽動 • 感情用事	• 容易變成消極性 • 欠缺主體性 • 缺乏自我主張 • 不會表現自己的感情

直覺力、創造力也是源自於這個FC。

因此，音樂家、畫家等藝術家中，似乎以FC較高者為多。具有強烈的好奇心和自發性，即使沒有任何資料，也能憑藉直覺力看穿事實。

據說天才者都有強烈的幼兒性格，也許是因為其FC較高的緣故。

FC較高者，談話中常有「想做……」「不想做……」的表現法，和CP對凡事採取「應該做○○○」的態度形成對比。對幼兒的管教可以說是FC與CP間的戰鬥。

具有順逆性、協調性，成為「好孩子」的是AC

另外一種C的AC則和FC正好相反，事事順從父母和長輩的指示，坦率地順從的自我。

這是會順從他人的自我狀態，AC較強的孩子，對父母或老師而言，是不需費神的好孩子、資優生，因此，表面上似乎沒有任何問題，但是，這種孩子的內心具有極度壓抑FC，刻意隱藏主體性的傾向，因此，隨時都可能有爆發的危險。

會諂媚人、看人眼色的也是ＡＣ

舉例而言，即使考試成績獲得高分，也會認為：

「其實我的成績並不好，只是碰巧運氣好而已。」

被父親責備時，也往往會朝否定自己的方向動腦筋。例如：

「爸爸一點也不了解我，不過，只怪我不會說明。」

在孩提時代外表顯得老實、乖順，一副乖巧的樣子。然而面臨青春期就會開始憂慮自己的人生，等長大到被和本來的自己對決的年齡時，便會一反常態地改頭換面，突然熱衷於學生運動或變成唯我獨尊型的狂者或明顯地表現對父母的反抗等。

那是以往所壓抑的心緒，在霎那間爆發開來的緣故。

「以前那麼乖巧的孩子竟然……」會令人如此感嘆的多半是ＡＣ較高的孩子。

利用曲線圖的性格診斷剖析親子間的問題點

經由上述對P、A、C簡單的論述，我想各位已經大致了解其間的不同與特質。不過，在現實的日常生活中P、A、C是如何表現在外呢？

用曲線圖把人的各種心態表現出來，稱為自我曲線圖（如四十八頁）。

這如身體不適時要量血壓、脈搏或呼吸數、體溫一樣地，要了解人與人之間的問題最重要地必須認識自己的性格和心的動向。讓父母與孩子各自描繪自我曲線圖時，即能明確地指出親子間的問題點。

一位少年的母親，因為其就讀國中二年級的獨生子不想上學而去請教專家因應對策。據說，她的兒子每個星期有一、兩次上學之前會產生腹痛或腹瀉的症狀，但經由醫生的檢查，並沒有發現異樣。醫生認為也許是精神方面的緣故。

於是專家要她填寫自我曲線圖（參閱四十四頁），發現她的NP和

AC極高（參閱六十六頁），是屬於典型的過度保護、過度干涉的類型。經過深入了解後，發現她從起床到上學之前，對孩子的照料委實令人訝異地周到，甚至連上廁所也要一一地指示。因此，專家要求她實行下列的事項：

1. 早上利用鬧鐘叫醒孩子起床，如果孩子仍然賴床不起，就任由他去。

2. 用早餐時只要告訴孩子「早餐已經做好了喔」，把飯菜擺在桌上即可。即使孩子一點也不吃或沒有吃完，也絕對不可強迫孩子要吃完。

3. 對於服裝、必須攜帶的東西一概不理。

4. 孩子從學校回來後絕對不可一一地詢問在學校發生什麼事或要求孩子回答。不過，如果孩子自己主動報告時，就要細心地聽他說明，這時只做良好的聽眾給予隨聲附和，絕對不可斥責或對他提出警告。

專家要求她務必實行這四項後，她顯得非常不安的樣子。並很疑惑地認為「難道這麼做他每天就會上學嗎？這樣上學一定會遲到……。」

事實也果真如她所擔憂的一樣，在剛開始的幾個禮拜，孩子都遲到。

但是，腹痛或腹瀉等症狀彷彿變魔術般地消失了。因此，專家向孩子說：「現在你自己什麼事都會做，而且也知道最好不要遲到或缺席。因此，你的母親雖然會擔心，但今後對你不會再有所指示了。你已經可以決定任何事，不過如果碰到自己不懂的事或有必要商量的事時，儘管和母親談。如果不便和父母談，也可以來找我。真正有志氣的男孩是不會讓母親為他操心的，任何事我都願意幫助你。」

當然，事情並不這麼簡單就結束。在這個過程中，她和孩子本身都各自經歷過無數次的挫折。但是，專家的處方基本上只有這兩個。結果孩子的生活態度不但大為轉變，連成績也變得突飛猛進。更令人高興的不只是孩子，連她也說：「我發覺自己好像也長大了許多。」

利用曲線圖做性格診斷的方法

那麼，請回答四十四～四十七頁（一～五十）的問題，依照自我曲線圖的製作法，填寫您自己本身、您的丈夫（或妻子）、孩子的自我曲線

圖，藉此可適切地判斷各自的性格。

問題可自己做答，也可請對你十分了解的人以他們的觀點做答，所得到的自我曲線圖可能非常類似，也可能完全不同。當自己做答的結果和別人做答的結果差異甚大時，必須注意。

這是因為自己眼中的自己和旁人眼中的你，有極大的差距，也許有一天會令旁人對你的舉止感到頗為意外。

自我曲線圖會因各人的年齡、生活狀況而改變。不過其中卻有一個固定的模式。譬如，調查孩子患有氣喘症的母親的自我曲線圖時，其CP多半比健康兒的母親較強。也許是對孩子過於嚴苛管教，而沒有以溫柔的女性愛情與孩子接觸的關係，而在孩子的深層心理累積「想要撒嬌」的情緒，而造成身體的不適吧。

有些氣喘兒在母親努力提高NP之後或刻意不和孩子碰面時，氣喘就自然痊癒了。

在治療前首先必須注意自身的症狀，不論是在心理上或生理上的問題，必須要能確實地掌握。

有些人因為沒有發覺身體的微熱、倦怠感、頭重等身體上的不適訊號，結果發生竟然病倒的情形。

孩子不想上學、不喜歡吃東西、無精打采、愛理不理等等，父母對於孩子在日常生活中的細微異狀若能有所察覺，就能做適時的因應，以防微杜漸避免事態變得嚴重。

那麼，要認識自己本身，首先必須來檢討自我曲線圖的各種基本型，從中找出接近自己所寫的自我曲線圖的背景。如此，一定發現自己真正的性格。

唯一需要各位記住的是，自我曲線圖中並沒有那一種類型較好或那一種類型較差的區別。雖然有所謂的像母親的類型、像父親的類型，但是，每一種類型都有其優缺點。因此，希望各位認識自己容易產生缺點的心理狀態，藉此做為警戒。

自我曲線圖的填寫法①

①請回答1～50的問題。
②根據下面答案的填寫法，從四項中選擇一項把該數字填寫在問題下面的空白部分。
③不要深入思考，請輕鬆地做答。
④得分的統計法在問題後的四十七頁。

答案的填寫法

● 是的，一直都是這樣……3
● 是的，經常……2
● 是的，有時……1
● 不是……0
（很少發生）

1	動作靈活具有效率	▨	▨		▨	▨
2	心無隱私、自由奔放	▨	▨	▨		▨
3	瞧不起對方		▨	▨	▨	▨
4	和周遭的人相處融洽	▨	▨	▨	▨	
5	重視傳統		▨	▨	▨	▨
6	能夠發覺對方的優點並給予讚美	▨		▨	▨	▨
7	對對方的談話表示共鳴	▨		▨	▨	▨
8	認清現實狀況而做判斷	▨	▨		▨	▨
9	感情立即表現在臉上	▨	▨	▨		▨

10	對事物抱有批判的態度					
11	處事多慮、消極					
12	具有強烈的體貼心					
13	對於不喜歡的事會找藉口拖延					
14	重視責任感					
15	說話時以筆直的姿勢注視對方的臉孔					
16	有許多的不平不滿					
17	經常照顧別人					
18	會看對方的臉色					
19	談話中帶有「為什麼」「怎麼會」的表現					
20	具有道德觀念					
21	對事物的判斷是正確的					
22	會以「哇！」或「咦？」的語氣表示驚訝					
23	對他人的失敗或缺點極為挑剔					
24	積極地做料理、洗滌、掃除等工作					
25	不會把內心所想的事表達出來					
26	會巧妙地為自己辯解					

27	談話中帶有「應該……」的表現		▨	▨	▨	▨
28	不擅長安靜地待著	▨	▨	▨		▨
29	嚴格遵守規則		▨	▨	▨	▨
30	在應對進退上頗為得宜	▨	▨	▨	▨	
31	會努力博得對方的歡心	▨	▨	▨	▨	
32	會不客氣地說出想說的話	▨	▨	▨		▨
33	收集各種資訊（事情）後再仔細思考	▨	▨		▨	▨
34	任性	▨	▨	▨		▨
35	會說「對不起」「抱歉」	▨	▨	▨	▨	
36	做事物的判斷時不夾雜個人的感情	▨	▨		▨	▨
37	具有旺盛的好奇心	▨	▨	▨		▨
38	不在意周遭人的感覺	▨	▨	▨		▨
39	追求理想		▨	▨	▨	▨
40	會先做好計劃再付諸實行	▨	▨		▨	▨
41	在談話中不會感情用事	▨	▨		▨	▨
42	看見處境艱困的人立即給予安慰	▨		▨	▨	▨
43	在義工活動中會率先勞動	▨		▨	▨	▨

44	會強烈而明確地主張自己的意見					
45	不根據道理而以直覺做判斷					
46	處事圓滑					
47	想要的東西必要到手					
48	坦率地原諒對方的過失					
49	和任何人都暢談愉快					
50	被央求時難以回絕					
得分合計						

自我曲線圖的填寫法②

⑤回答所有的問題後在最左邊的得分欄上合計總分。

⑥合計得分欄上各段的數字，由上而下第一段是CP，第二段是NP，第三段是A，第四段是FC，第五段是AC。

⑦將各段得分填寫在四十八頁的曲圖上，再從四十九、五十頁的自我曲線圖的類型中尋找與自己的自我曲線圖類似的類型。

⑧性格的診斷記載在各類型圖上所附錄的頁碼上。

自我曲線圖

年　　月　　日

姓名　　　　年齡　　歲

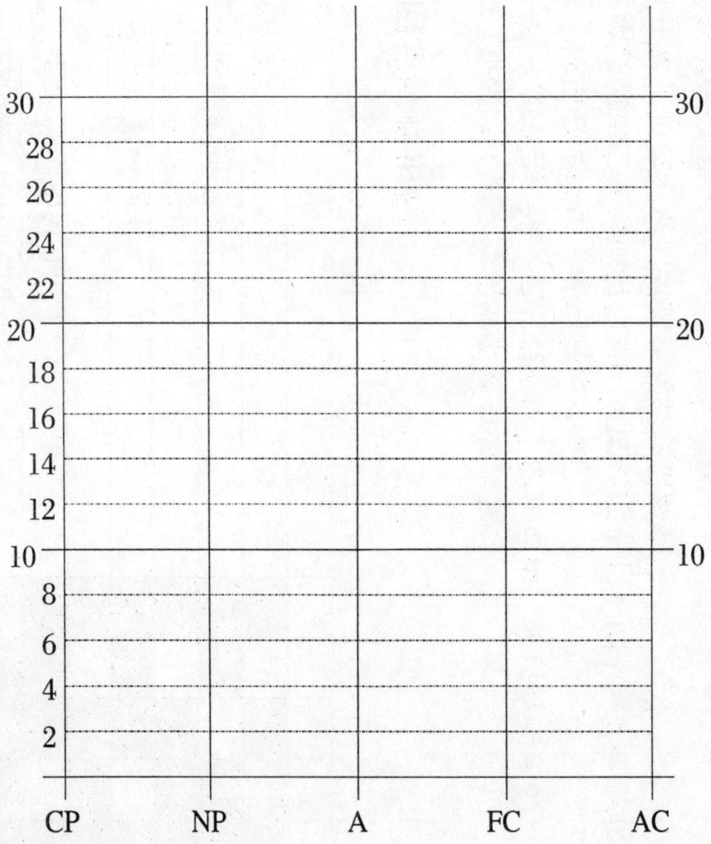

自我曲線圖的類型

請從下面的類型中找出與自己自我曲線圖最接近的類型。各圖右下所標示的頁碼記載著各個類型的性格分析。

④ W–4 型

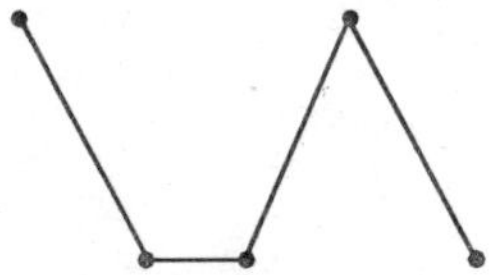

給人增添麻煩類型→59頁

① W–1 型

公務員類型→51頁

⑤ W–5 型

容易被欺侮的可憐類型→61頁

② W–2 型

評論家類型→55頁

③ W–3 型

花花公子類型→56頁

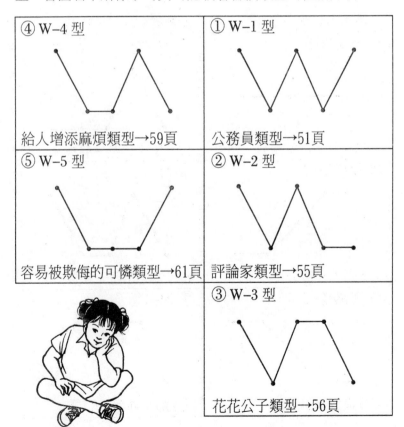

⑩ 三角洲型 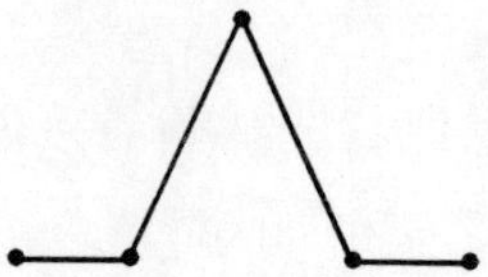 成熟男性類型→75頁	⑥ M-1型 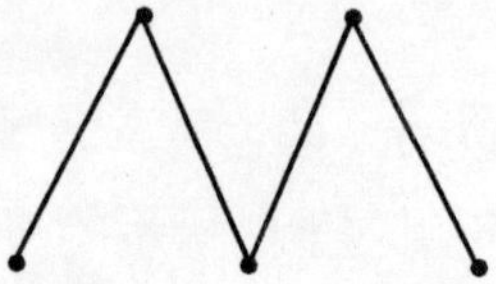 衝動購買類型→67頁
⑪ 一直線型  純熟或無精打采類型→78頁	⑦ M-2型 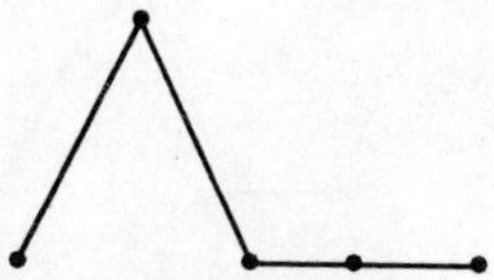 好管閒事類型→69頁
⑫ 階梯型-1 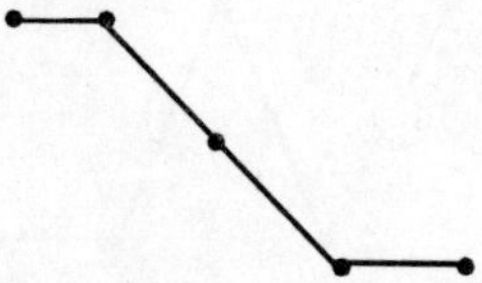 老大類型→82頁	⑧ M-3型 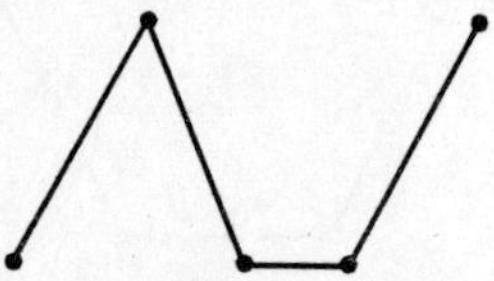 好好先生類型→70頁
⑬ 階梯型-2 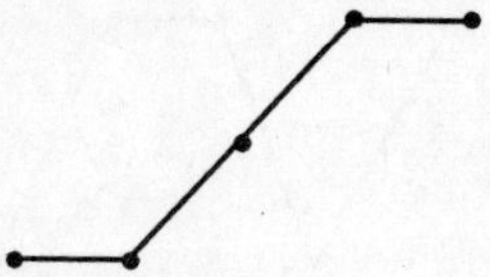 兒童類型→84頁	⑨ M-4型 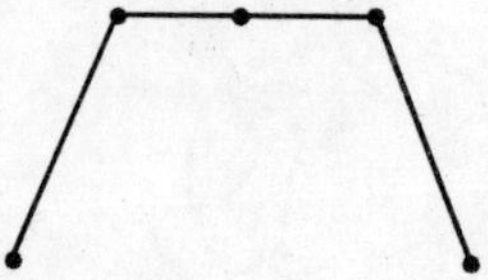 職業婦女類型→73頁

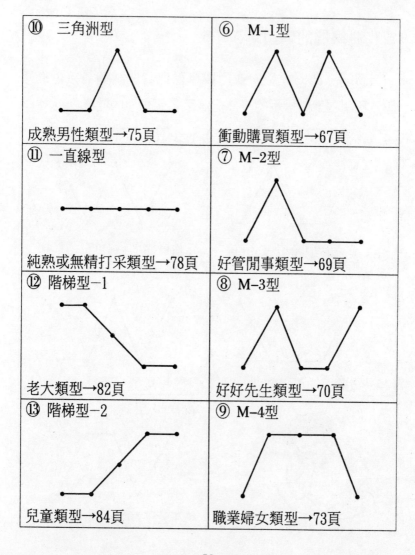

(1) 重視指示、命令型

這個類型整體而言CP較高，在行動中常帶有「應該〇〇」的觀念。面對孩子經常會要求說：「趕快做……」。過分地渴望孩子長得健壯而又能確實地遵守規矩。昔日的父親常有這種類型。不過，最近這種類型的母親也不乏其人。由於孩子經常受到大人的命令或指示，因而AC變強，多半會有精神上的壓力。

①公務員類型（W—1型）→圖①（參閱四十九頁）

理論派，不擅遊樂，被孩子敬而遠之

從四十九頁圖中即可明白，這個曲線圖和W字非常相近。這個圖型是CP（批判精神）、A（成人的心）、AC（順從精神）較高，NP（母性本能）、FC（兒童心）較低。

這種人的CP較高，表示重視自我的人生觀、價值觀。因為擁有自我所決定的生活規範，因此，非常在意孩子的行止是否合乎該規範。因為在

意而且A也很高，因此，斥責孩子時會搬出道理說明。換言之，會得理則不饒人。被斥責的孩子會被說得無處可逃，當場連氣也不敢吭一聲。

另一方面，這種人的AC也高，換言之很容易受他人所左右。因此，雖然他會以自己的價值觀責備孩子，卻也非常在意孩子的反應。同時，更極度掛意妻子、社會的眼光。

其所欠缺的是深入理解孩子的體貼、寬大與開朗。

由於NP、FC較低，表示不懂得愛情和孩子心的重要性。因此，不擅長站在孩子的立場聽他們說話。

W—1型是男性較多的類型，一位此類型的父親，常常埋怨「孩子不接近自己」。那位父親在區公所擔任科長，而孩子是小學一年級的男孩。

「我非常疼愛自己的孩子，但是，孩子卻總是躲著我，我真搞不懂孩子的心裡在想什麼。」

父親的CP（批判精神）較高時，孩子的AC自然會變高，具有在意他人言論的傾向。因為，在CP的壓抑之下，若不以AC順從，家庭就無法取得和諧。但是，孩子的心中一定積壓著許多不平、不滿。然而這個不

平、不滿卻無法像CP高而FC低的父親表白。因此，孩子自然不接近父親。因為，接近父親只會得到被責備的結果。

但是，父親卻非常在意這種狀況。一旦父子一起玩樂，做父親的反而會覺得害羞，而孩子也顯得客套，氣氛因而變得很尷尬。

因此，建議他「一個月一次左右帶孩子到園遊場所去玩吧！」因為在熱鬧的園遊地，父親和孩子可以在自由開放的狀態下接觸。

像這位父親一樣，在孩子還小的時候發覺父子關係間的瑕疵，並努力尋求改善是很好的現象。但是，如果任由關係惡化直到孩子成長到反抗期的中學生時，情況就嚴重了。

況且，最近這種類型的母親愈來愈多。如果不小心注意，恐怕必須花費兩倍、三倍乃至十倍左右的精力與時間，才能使親子間的關係重修舊好。任何事後的補救都要大費周章。

讓各階層人士填寫自我曲線圖，統計發現W—1型以公務員最常見。W—1型的人對部屬的要求極為嚴格。但是，由於其AC也高，對上司也會表現出隨聲附和的順從態度。而他們對上司似乎就不像對部屬一樣搬弄

道理了。

在部屬的眼中，難免會覺得「搞什麼鬼，見風轉舵」，不過，由於A也高，在這方面很懂得適切地做狀況判斷，把事情處理的圓滿妥當。

如果兒童也屬於W－1型，在小時候雖然由於AC較發達，會有順從的態度，但是，在內心深處難免隱藏著反抗的情結，不久就會以CP的批判精神看待父母的作為。而且會以理論的方式反抗自己。由於A較高，而具有冷靜判斷事物的眼力，因此，說起道理來有條不紊，經常可見父母落得狼狽不堪的景況。

像W－1型一樣，FC低而AC高的人，也是很容易感受到精神壓力的類型。

而且，CP也高，是屬於容易積壓精神壓力的類型。雖然對自己的行止有確實地主張，但是，由於順從的AC會壓抑批判的CP。又因為FC較低而多半不懂得如何消除精神上的壓力。

②評論家類型（W—2型）↓圖②（參閱四十九頁）

獨斷獨行的頑固者，欠缺溫柔

CP和A較高，其餘低。確實地擁有自我的基本觀念，而且可以有條不紊說明的人。由於A高有時雖然腦中明白，要因應時間、場合的因素表現妥協的態度，卻因為AC（順應性）較低而辦不到。這是個性頑固，無法自圓其說、我行我素的類型。

喜好議論，會反覆地論述「自己是何等的正確」。和W—1型同樣地是女性較少而男性較多的類型。

譬如，夫婦吵架時本來交談的目的是為了使二人重修舊好，卻滔滔不絕地論說孰是孰非，結果落得再度燃起戰火的結果。總而言之，不證明自己是正確的絕不干休。

因此，談話結束後才發覺根本沒有所謂的「溝通」，而變成落敗者覺得有被迫屈服的憤恨。因此，雖然當場外表上似乎顯得事態已經平息，卻仍然會再發生同樣的問題。

這種人在感情方面不懂得該如何處理。譬如，有些狀況只要說：「當時雖然有許多意見，不過，那個時候我確實真的很高興。」事情即可圓滿，卻說不出這句話。

父子可以在電視前面共同觀賞職棒，也能彼此交談對職棒的感想。但是，當自己的孩子抽煙或聽說參加飆車時，卻不知道該如何面對面地向孩子們勸阻。對不關己的問題可以發表極為正當的意見，然而一旦事情落在自己身上……。這是學者、教師或評論家常見的類型。

③花花公子類型（W—3型）→圖③（參閱四十九頁）

在社會上功成名就的人，對孩子的教育往往失敗

這是CP、A和FC較高的人。換言之，雖然是批判精神旺盛的成人，卻充滿著兒童一般的心。I電腦公司的經理級的人當中，多半是W—3型的人。

這些人擁有自己的理念，做事講求道理，會坦率地向他人表達自己的意見。這種人是對自己有自信的類型，在社會上多半是聲名顯赫。

部屬雖然內心有所反抗，但是，碰到這種據理斷事不假情分的上司，只好忍氣吞聲。只要是他下的命令，身為部屬者只能莫可奈何地照辦。

調查電腦公司約一百名的自我曲線圖時，發現他們的AC（順應性）非常高。這是會忍耐自己想說的話或想做的事，而凡事順應他人的類型。不知是否是因為這種人較適合擔任秘書的職位，或在W—3型的上司身旁服務的關係而造成這樣的性格。

總而言之，在W—3型上司的轄屬下工作，AC若不高則無法適任。

這種類型若身為人父時，如果純真的兒童心、FC也能適切地發揮時，父子間即可愉快地玩樂在一起。但是，如果雙方有某個觀點無法一致時，就會完全決裂。父親會勃然大怒，不分青紅皂白地怒喝孩子。而孩子在驚慌下只好忍氣吞聲地表示順從。

碰到這種狀況，母親大概會說：「你父親就是這樣的人，趕快向他道歉吧！」

這是成功的父親和自己的孩子開始對自己的生存方式抱有主張時，會產生激烈的親子抗爭的典型。父親會大吼說：

「我要和你斷絕父子關係！從明天開始……，不要再踏進家門一步！」

由於父子間彼此關愛，也因為如此，雙方的決裂更行嚴重。碰到這種場合，身為母親者適切地打圓場最能奏效。

如果母親總是埋怨說：

「那個人總是這樣，任性的很啊！我不知已經吃了多少苦頭了！」這種話反而會造成孩子不再尊敬父親的結果。

母親應該靜靜地聽孩子的辯解，再把孩子的心聲轉達給父親。孩子的辯解中多少也有其道理，能否理解孩子的辯解，會影響到親子的接觸方式。

W－3型之所以稱為花花公子曲線，乃是因為它具備了身為花花公子所必要的重要條件。

擁有各人的理念（CP）、處事有條不紊、腦筋靈活懂得計算利害得失（A）。

而且，常常信口說出令人起雞皮疙瘩的奉承話。譬如「妳的頸項真美

啊！」「被妳的瞳孔注視時，感覺像是獲得全世界最大的幸福一樣。」（FC）。

如果對他人的心態極為敏感的AC較高時，在對方的眼前絕對不敢說出這麼露骨的話。同時，愛情立刻冷卻，即使說再見時也不在乎（NP低）。如果認為對方處境可憐，就不會與對方斷絕往來。由於NP較低，AC也低，內心無所拘泥，所以，才能冷酷無情地說出分手的事。不過，這類型的人自己並不認為自己冷酷無情，所以，反而會使事情鬧得不可收拾。

愛上這種類型的女人，一開始就要有會被對方無情甩掉的覺悟。同時，孩子的這種傾向很強烈時，晚年恐怕會被孩子冷落，因此，必須特別留意。

④給人增添麻煩的類型（W—4型）↓圖④（參閱四十九頁）

自以為個性爽直，卻讓旁人感到困擾

CP和FC高，NP、A、AC低。換言之，個性天真無邪，卻帶有

批判性。溫柔、順應性低，帶有孩子氣的類型。

和W－3型幾乎一樣，自己所認定的事（CP）會毫不忌諱地明白直言（FC）。但是其和W－3型不同的是，言談中欠缺理論性（A低）。

即使有人指責其欠缺理論性，也無法理性地接納。

這類型的人多半會咆哮地說：

「囉唆、閉嘴！別強詞奪理！」

並且會斷絕雙向的溝通。他們總自認為是一條腸子通到底的個性，光明磊落。然而，周遭人卻因此感到大受困擾。

往好處解釋是屬於坦率的個性，是個好父親、好母親，不記仇、開朗大方，而且因AC較低也不會在意他人的眼光。因此，不會感到挫折或刻意迎合他人。擁有這種父親的孩子，會漸漸習慣父親所帶來的麻煩。

「啊！又來了。真拿他沒辦法，每次有什麼話也不考慮一下就說出口。真傻啊！」

雖然把父親的行止當傻瓜，但在心裡卻不會真的憎惡自己的父親。

如果孩子是女孩，也可能被教育成NP極高，具有體貼、惻隱之心的

人。鄉下生意人家常見的親子關係就是這種類型。

父親是會給人添麻煩類型，其孩子似乎都頗有自覺，自己要好好地幹才行。從某個角度而言，這類型可說是反面教師吧。

但是，最近像這種個性的孩子似乎愈來愈少了，由於社會上普遍盛行教育熱，因此，現在的父母似乎處處都為孩子設想周到。這倒也不是不好的現象。不過，卻也發覺其中的孩子，似乎多半有違父母的期待。

⑤容易被欺侮的可憐型（W－5型）↓圖⑤（參閱四十九頁）

凡事忍耐而累積精神壓力、家庭內暴力誘發型

CP高、AC也高。雖然擁有自己的理念（CP），然而壓抑自我的人也強（AC）。同時，由於A較低，人格成長緩慢的緣故，不擅長根據狀況做判斷，往往不知所措而煩惱的類型。鮮少表現自己，因此，常會感到挫折。

若部屬有這種類型的人要特別小心。因為，這類型的人陰晴不定，往往會暗自累積精神壓力，而有突然暴發出來的可能。

換言之，有一天恐怕會被這種人出其不意地突襲。

如果父親是這種類型的人，其孩子在性格上多半會和父親類似。即使錯不在自己，也會立即表示「對不起」，很容易變成個性陰沉的人。

這種現象稱為過剩適應。有一位M學生，他有成為被欺侮的可憐蟲所有的要素。

M學生即使碰到明明錯在他人的狀況，也會主動地向別人表示「對不起」。

「你為什麼沒有做錯事也要道歉呢？」

有人忍不住生氣地責備他，然而他隨即表示「對不起」。

AC太高，即柔順的態度過於顯著時，就會誘導他人的攻擊心（CP）。

另外，有一個叫做X的國中二年級的學生，一有不愉快的事，立即向他的母親動粗。其實這位母親多少也有責任。當X向母親動粗時，他母親只覺得害怕，既不發怒也不責備他。看見AC如此高的母親，X的攻擊性反而會更受到刺激，因此，對母親的暴力行為愈見囂張，母親的畏縮方式

和X的暴力行為產生了相乘作用的惡性循環。

諸如這般，父母的性格對孩子的性格成長有極大的影響。

一般而言，父母的CP過高時，孩子的AC也會變高。而父母的AC太高時，孩子的CP也會因而變高。換言之，強悍的父母所教養的孩子較容易變得卑恭曲膝，而為孩子之言是聽的父母，所教出來的孩子具有變成暴力型的強烈傾向？

在T・A（交流分析）的用語有所謂的「Stamp. Collection」，簡單地說是一種感情印章的收集。

首先，將人的感情分成兩類，不快的感覺、否定性的感情稱為Grey. Stamp（灰色印章）；好感、肯定性的感情叫做GOLD.STAMP（金色印章）。

人的內心有一個印章貼布，專門收集這些印章。而曲線呈平底鍋型的W－5型的人很容易收集灰色印章。即使處於同樣的狀況，這種類型者似乎喜好收集灰色的印章，而使自己感到悲觀。即使碰到不快的事也不尋求發洩，一切苦處往肚裡吞，慢慢地內心的印章布裡會蓋滿了灰色的印章。

一般而言，當印章布整整蓋滿灰色印章時，多數人會藉著飲酒尋求發洩。但是，W－5型的人卻按兵不動。他們會收藏好幾本蓋有灰色印章的印章布，等待交換較大的贈品。

但是，這種人所交換的大贈品並不太好，多半會因此而發生某些事件。這種收集太多灰色印章的人，往往會令人嘆息說：

「那麼忠厚老實的人怎麼會……。」其實，當內心的印章布已經蓋滿一整頁的印章時，應該和其他的小禮物做交換（譬如在外頭大聲地數落父母的不是等）。但是，這種人的悲劇是他連這一點也辦不到。

那麼，這種人該如何改正自己的性格呢？

總而言之，應該保持天真無邪的心，深入了解身為社會人應有的態度。換言之，只要提高FC及A即可。不過，如果只先提高天真無邪的性格，也會造成問題。

雖然當事者會變得輕鬆自在，但若變成「任性的傢伙」，反而會遭受周遭更大的反駁。因此，首先必須先提高身為社會人A的自覺。

換言之，先提高A再提高FC，亦即必須採取兩階段的改善法。

對事物反應的快慢會呈現A的高低與否，A較低者當他人有所指責時，會立即發怒、感到頹喪或迅速振作起來，他們不會對被指責的內容或狀況、以及與該件事相關者的立場等，做充分的考慮後而做判斷。

為了提高A必須訓練自己在對任何事產生反應之時，先在心中默數一到十，給自己有點時間去思考。

總而言之，不要過早表現反應，先在心中複誦一遍後再做表達。另外，較為具體而有效果的是寫日記。把自己當成第三者，客觀地記載每天所發生的事情。不是把日記當成感情的發洩口，而是把自己的行動做事實記載。

「今天×××和○○○說我是傻瓜，我一生氣回嘴說你的媽媽才是醜八怪，心裡感到舒服多了。」把以自己為主角寫下的日記，依下面的方式做客觀的記述。

「你（指自己）今天被×××和○○○說是傻瓜，你回答他們說你的媽媽才是醜八怪，不過，這樣可以嗎？他們兩人臉上帶著不悅的表情。」

不要用「我」的字眼，而把自己當做另一個人來寫。

每天如此地寫日記時，就會養成在採取行動之前會給自己留一些空檔思考的習慣。當藉由這個方法提高A而能控制自己的時候，再提高與其對稱的FC，訓練自己養成帶有純真的心。雖然P和C是很容易受父母影響的部分。不過，A是自立開發的部分，可以藉由周遭的狀況自我培養。因此，如果自己能用心留意，令人意外地這是很容易提高的部分。

(2) 母性過多、過干涉型

這是身爲母親者最常見的類型。由於NP比CP較高，行動的基準多半是覺得可憐或不忍心等感情所左右，而不依據現實應有的道理或觀念。這種類型不適合有長期性的希望，很容易只爲近利而不顧後果，但個性卻很善良。因此，孩子的FC得以解放，多半能自由自在地成長。不過，由於無法嚴峻地斥責孩子，在管教上感到棘手，有時會有任由孩子自己發展的傾向。

⑥衝動購買型（M—1型）↓圖⑥（參閱五十頁）

個性溫柔而樂觀，然而家裡卻亂七八糟

這是保護的NP、自由的FC較高的M類型，以女性居多。

這種類型的母親由於A較低，欠缺社會性，因此，不擅長管理家計。如果是上班族的家庭，往往在發薪之前，家用已經耗費精光。這種類型一看到想要的東西就會衝動購買，事後才來為不知如何彌補虧空而感到煩惱。

由於CP低，換言之是缺乏「應該這麼做」的心。因此，家庭在整體上處於沒有條理、亂七八糟的狀態。家裡的物品有隨地亂丟的傾向。以換洗的衣服而言，常常累積如山而沒有乾淨的衣服可穿。

由於在家事上缺乏計劃性，經常出外購物時卻忘了買該買的東西，而在商店和家裡之間徒勞往返。

這種類型若是OL，其工作效率會因當天的心情而起伏，當無心工作時，即使辦公桌上事務品散亂無章也不會收拾乾淨就回家。

管理者若是這種類型，碰到部屬遲到也不責備，而採取息事寧人的態

度。雖然這種工作態度令人感到輕鬆自在，卻難以有穩定的業績。

但是，M—1型的當事者是幸福的。家庭生活也開朗愉快。絕不會因為今天沒有清掃門口、忘了倒垃圾而感到不悅。這種人絕對不會變得歇斯底里。他們的個性開朗，認為大門沒有清掃，隔壁的太太也會掃除；今天忘了倒垃圾，明天再倒也沒有關係，不會給自己增添麻煩。

不過，也極有可能被附近的三姑六婆認為「那個人邋邋遢遢的真討厭」。然而，這種人的孩子往往較有出息。

「我的媽媽什麼都不會，真拿她沒有辦法」，相反地這樣的父母反而會教育出勤快的孩子。因此，比過度耗費精神的母親的副作用較少。

⑦好管閒事類型（M—2型）→圖⑦（參閱五十頁）

喜歡幫助人卻不聽從他人意見的古板母親

這是只有NP高，其它數質較低的自我曲線圖。換言之，是母性本能一邊倒的類型，是男性少見的類型。不過，最近似乎連女性也愈來愈少了。

M—2型的母親一發現有人處境為難時，就不忍心坐視不管。總而言之，只要認為可憐，就會憑藉自己的感情採取行動。因此，和長期性的展望或計劃無緣，對待孩子也沒有一貫的教育方針。

即使責備孩子，也會在斥責的過程中覺得可憐，而把原本責備的事情一筆勾消。但是，卻也有他頑固的一面。由於表示順應性的AC較低，幾乎聽不進他人的意見，而且，A也低，沒有受過社會的磨練。因此，不擅長與人溝通無法做冷靜的判斷。

這種類型是非常溫柔的母親，因此，當小孩還小時，雙方的關係良好。不過，當孩子在精神上開始自立時，會有反叛的行為。尤其是到了中學的反抗期時，這種母親恐怕會因過度關愛而被嫌囉唆，或被指責行動模式欠缺理論性。

⑧好好先生類型（M—3型）↓圖⑧（參閱五十頁）

順從父母、丈夫、孩子而無法說「不」的人

NP和AC極高，是無懈可擊的溫柔母親類型。這種類型當然以女性居多，不過，近年來男性當中也常見這種類型。這種人心地善良，當別人有所請求時，絕對不會說「不」。

順從父母、丈夫，然後順從孩子，是以往被認為最理想的女性類型。在有關闡述母性光輝的連續劇中，經常以這類母親為主角。不過，這種類型者不適合擔任管理職。因為人太好的關係，無法嚴格督促部屬，因而難以在職場內建立秩序。

為何無法說出嚴厲的話呢？原因有二。其一是因為NP（母性本能）較高，說出嚴峻的話反而會覺得對方處境可憐。而且，由於AC較高，認為只要自己忍耐下來，就沒有事了。所以，凡事都由自己承擔而不訴苦。

另外，如果對部屬說嚴厲的話，會在意對方或周遭的人會有不利的反應。在意志堅定上，所謂的面子或體面佔極大的要素。

M—3型的人是道地的好人，和朋友結伴去飲酒時，即使明天還有工作，也會搓揉著睡眼捨命陪君子，絕對不會說想回家。

但是，正因為心地好，當別人有所請求時就無法拒絕而全部承擔下來，具有被害者的傾向。當自己努力地工作，卻看見遊手好閒的其他職員時，雖然心也會想著：

「我接下這麼多工作，為什麼他們還玩得起來。所領的薪水不是一樣嗎？」

雖然很想抱怨幾句，不過由於AC坦率的心較高，會壓抑自己的情緒而不向他人訴苦。因此，會成為各種狀況或周遭者的犧牲者。

M—3型的女人和W—3型的男人結婚，是最好的拍檔。

因為，即使W—3型的丈夫強詞奪理，W—3型的太太也會隨聲附和說：「是的，是的，我知道了。」認真而謙虛地傾聽丈夫的牢騷話。

對待孩子也是一樣，姑且不論他們是否真的為孩子著想。不過，他們很不願意拒絕孩子而使孩子感到不悅。換言之，他們在無意識中有強烈地渴望成為好人的傾向。

但是，對待孩子很容易變得過度干涉，以致當孩子的表現不盡理想時

會令他們感到：「我費盡心思這麼疼愛孩子，為何孩子還是不聽話呢？」而且認為自己一人是犧牲者。

另外，公司的女職員中，有些人很容易接受他人使喚。「倒一杯咖啡來！」「把這個傳票整理一下。」「替我倒杯茶好嗎？對不起啊。」諸如此類很容易被差遣之人，就是M－3型。但是，當事者雖然唯命是從，內心卻會抱怨：「為什麼只叫我……。」

在這種母親的養育下成長的孩子，長大之後或許會突然想到：「我的母親其人生到底為何呢？」

只知把一生的精力完全奉獻給全家，完全放棄自己想做的事，而自己卻逐漸老衰枯萎……。這種母親可能被兒女憐惜，也可能會被嗤之以鼻。

最近，據說有愈來愈多的主婦，會在丈夫退休後提出離婚書說：「今後我要過我自己的人生。」而和丈夫分手。這可以說是為家庭犧牲自己奉獻的母親的覺醒吧。

⑨職業婦女類型（M—4型）↓圖⑨（參閱五十頁）

多半是受過社會磨練的女性，　若是男性則似嫌缺乏粗獷性

NP、A、FC高是善良、開朗而穩健的母親，是屬於健康的女性類型。

由於A較高，因此處事具有計劃性，也能當機立斷。另一方面，由於NP高，CP低，很難說出嚴厲的話，碰到不說不行時，經過A做過判斷後才會不得不採取嚴厲的態度。所以，雖然也不會因而煩惱（AC低），事到關鍵時刻仍然會發表嚴正意見。

不過這時的言詞和CP的命令式說教口吻不同，會帶著NP的溫柔、A的冷靜、FC的開朗發表主張。因此，如果對方是個性率直、肯聽他人意見的人，那必定是具有體貼之心的忠告。

這是女性一般類型的提高M—1型（參閱六十七頁）中的A的型態，最近常見這種類型。

一般而言，現代的女性從學校畢業後，有一段時間會在公司上班，因此多半是在這個時期而使A的成分大為增長。

不過，由於CP較低，無法發揮強烈的領導能力或自己開拓事業。M－4型以女性而言是非常健康的類型。但是，若是男性，可能有將缺點表面化的情況。FC高、AC低的天真無邪卻不柔順的自我曲線圖，意味著任性、缺乏協調性。而且，因為CP較低無法建立自己的價值觀。結果雖然是個好人，卻可能是缺乏男人味的男人。

(3) 安定、純熟型

這是CP、NP、FC、AC之間幾乎沒有高低差別的類型。在此姑且將它們歸納為一類。不過，根據A及自我曲線圖的高低，會出現極為不同的性格。自我曲線圖整體較高時，精神上的能源也高，較低時則相反。A高時是表示冷靜成熟、具有客觀性。

⑩成熟男性類型（三角洲型）↓圖⑩（參閱五十頁）

重視事實、資料的理論派，缺乏人性味、冷酷無情

對孩子會過度干涉、過度保護、歇斯底里的母親，應該提高A，即成年人的判斷力。但是，也有A過分凸出的類型。

東方女性幾乎沒有這樣的類型，而可以說是極男性化的自我曲線圖。不過，在美國等西方國家，因為有特別重視A的傾向，並且盛行藉由訓練以提高A。因此，那些不讓鬚眉的職業婦女中，常可見這類的類型。

我們在生存的過程中必須做各種的選擇，而這些選擇是取自P、A、C的哪個部分呢？

在T・A的理論中，利用P所做的決定稱為「應該論的決定」。這是正確與否、該不該做的選擇基準。

由C所做的決定稱為「欲求論的決定」。自然的欲求是選擇的基準。換言之，是喜好或厭惡的基準。

由A所做的決定稱為「必要論的決定」。這是以現實的狀況中必要或不必要做為選擇基準。

成熟男性類型的意識決定中，完全沒有「應該論」或「欲求論」立足的餘地。換言之，由CP產生的自我價值觀、評論觀，完全無法介入。當然，NP所造成的「不拉拔他一下實在太可憐了」，等溫情或感情主義也無插足的餘地。

當然，也從來不會顧慮FC產生的天生欲求或AC萌生的「這麼說的話，部屬恐怕會不高興吧」之類對他人體貼之心。

例如，目前若要提高公司的生產，這類型的人會完全根據現實的資料為判斷的基準而決定，必要做什麼而什麼不必要。

I公司有許多A極高的人，不過，他們是根據理論的架構而組合從事以電腦為對象的工作。所以，這種情況似乎也是理所當然的。

在I公司的白領階級中，以五十六頁所述的W—3型和現在所述的成熟男性型居多。

I公司的A先生，是個典型的成熟性類型。

自從A先生就任廠長之後，該工廠的生產性因而提高。

但是，針對該工廠的員工做過對公司的意識調查後，卻發現了另外的

事實。這項調查的主題是要了解職員對I公司的薪水的滿意度，同時，對於工作或人際關係上的意識及整體上的滿意度。

當A先生擔任廠長時，職員的滿意度只有百分之二十四，和其它工廠比較起來數值非常低。這意味著，雖然工廠的生產性提高，然而職員在工作時並不感到愉快。

過去A先生幾乎從未在意過，這種滿足感所意味的精神尺度的意義。但是，遠比其它工廠還低的百分之二十四的這個數字，已足以讓A先生重視這個問題了。

因此，A先生立刻指示將T・A引進職員的研修教育中。

調查的結果，發現A先生的自我曲線圖是典型的成熟男性記號類型，處理人事問題或勞務管理一概採取公事公辦、不假私情的管理方式。

後來，A先生調遷他職，新廠長到任後工廠的方針大為改變。結果，數年後的意識調查中發現，職員的滿意度躍升至百分之九十以上。

由於這個斐然的成績，隸屬社員研修部門的人都陞遷加級。

由於意識調查的結果瞬間不變，而引起社會各界對工廠的矚目，紛紛

揣測其中是否隱藏著什麼玄機。

對工廠而言，A先生的成熟男性類型的確有其弊害，不過，看見意識調查中，職員滿意度的低落，而判斷應該採用T・A的卻也是A先生本身。不偏不倚公正的工作態度，自身竟然造成令人諷刺的結果。

⑪純熟或無精打采類型（一直線型）→圖⑪（參閱五十頁）

自我曲線圖高可能是純熟或無精打采

以上，我們以相對的立場分別闡述CP、NP、A、FC、AC的高低，不過，每個人心中熱能分配量，並不只有熱能高低的分配量，其中還有絕對性的能量差異。

譬如，W－3型的X先生較低的NP，也可能比M－3型的Z先生較高的NP為高。

曲線圖的直軸表示熱能量，愈往上表示心的熱能愈高，愈往下則心的熱能愈低。

至於一直線型，則以位置在上或在下有極大的差別。如果一直線位在

下方，整體而言是熱能不足，對任何事都不會有所感動。

最近，這種無感動症的孩童有日益增加的趨向，這乃是心靈沒有欲求的緣故。

如果母親對孩子過於干涉，孩子的個人感情會受到否定。每當孩子有所行動失當時，母親一定會這麼說：

「你看，還是行不通吧！媽媽不是已經告訴過你了嗎？」

如果持續地遭受否定時，孩子會從中學習到，不要自己做任何事。

例如想要外出時，母親總是擋在前頭說：「唉呀，外頭天氣冷，再加一件衣服吧！」「每次外出你總是想上廁所，先在家裡上廁所再出去。」「從早餐到現在已過了四個鐘頭了，不久就會肚子餓，先吃飯吧。」如此孩子根本沒有時間去體會外頭的寒冷、沒空去感覺想上廁所、無暇去發覺肚子餓的實感。

母親從孩子身上奪走了所有的感覺，然而在母親溫柔的口吻裡卻隱藏著這樣的訊息：「你不必有什麼感覺，媽媽代替你去感覺一切；你不必成長，只要像現在一樣做我的孩子。」

孩子會敏感地察覺母親的言外之意。而漸漸變成沒有任何感覺、不做任何事、彷彿洋娃娃一樣唯母親之言是聽。因為，唯有這樣母親才會展顏歡笑。

接著再介紹一個極端的例子。

「這孩子什麼都不會，喂！叔叔在問你話呢，大聲地回答說是啊！振作起精神來啊！」

被帶進心理咨商室的孩子，一副無精打采的樣子。無論做什麼事都得母親的催促。

「把帽子拿下來。」

即使心理醫師如此叮嚀他，他仍然拼命地想從母親的臉色查覺是YES或NO的訊號。

「是啊，拿起來呀。」母親催促之後，他才把帽子拿下。他的意志、欲求、感動已完全被剝奪了。真令人搞不懂，這孩子活在世上有何樂趣？因為，連最自然、天真無邪的欲求也被剝奪了。

目前，像這種位於下方的一直線類型，亦即無精打采、無感動、憂鬱

症類型的孩子正急速地增加。

相反地，位於上方的一直線類型，整體而言是充滿著熱能與精力。是屬於敦厚而純熟的類型，雖然外表冷靜，內心中卻充滿著熱情。這種類型在年輕人中少見，而多半是年齡達到某個程度的成熟男子，其雖然擁有個人的價值觀，卻具有和周遭人和睦相處的社會性。

但是，有時會給人「難以捉摸」的印象。這乃是對事物產生反應時，CP、NP、A、FC、AC等會先在自己心中議論一番，等規納出結論後再付諸行動。這時，掌握議論主導權的是成年的心，亦即A。因此，即使喜怒哀樂表現在行動中，也會由A給予適切地控制。

這種類型的人，在性格上幾乎無懈可擊。不過，一旦黃湯入肚，卻又會判若兩人。常有人一喝酒就變了個人，這乃是A的機能休止所產生的現象。

這種整體熱能居高的一直線型，一旦喝了酒，A的運作停止時，CP、FC等其它心靈活動會彷彿獲得解放般地活性化起來，而會出現孩子般天生無邪的舉動。

這種人由於平常予人成熟老練的感覺，因此，其酒後的變化會令周遭人感到特別驚訝。不過，由於有充分地接受社會的歷練，所以，很懂得舉止上的分寸與限度。

(4) 個性發揮型

心路的成長，一般的順序是FC→AC→NP→CP→A。如果停止FC、AC的成長，會變成孩子氣的成年人。相反地，FC、AC不發達或受到壓抑，而其它的心態特別發達時，則會變成老大型的性格。其後的發展是好是壞，以社會生活的層面而言，和A的高低有極大的關聯。不過，都是具有「個性」的類型。

⑫老大類型（階梯型—1）→圖⑫（參閱五十頁）

處事嚴格、喜歡助人，然而個性頑固欠缺協調性

整體而言是P高過於C的人。批判精神的CP及表示愛情程度的NP都高。不論A（成人心）的高低與否，這種類型都是帶有老大特質的人。

雖然會嚴格命令人，卻也會處處為他人著想。

他們會聚眾為王，適合當政治家或幫派老大的性格。

同時，CP高、順從性的AC低的人，個性頑固、欠缺協調性。因此，在組織內有明確劃分敵我關係的傾向。而且，NP高感情豐富，會將喜歡幫助個人的特質集中在自己的同伴上，並發揮的淋漓盡致。因此，自然會形成派系。

以身為父母的立場而言，充分地具備父親型和母親型的要素，因此，孩子可在其兒童的天地裡自由地成長。

但是，由於孩子長大成人之後，仍然把他看待成孩子，恐怕會令孩子覺得厭煩甚至被忽視的危險。

這種類型的人，一般而言不擅長做為組織的成員。因此，無法擔任上班族的工作，尤其是A較低的情況，往往會和上司發生衝突。脫離上班族的生活，獨創事業的人之中常見這種類型。

⑬兒童類型（階梯型—2）→圖⑬（參閱五十頁）

常見於成長中的孩子，不過會隨著年齡的增長而蛻變

這種類型和老大類型正好相反，是只有C較高的人。

長大後卻擺脫不了稚氣的年輕人，目前似乎愈來愈多。

如果父親是老大的類型，孩子很容易變成這種類型。相反地，父親若是兒童類型，孩子往往就會變成老大型。

美國某個公司調查在老大類型的高級主管下工作的經理，以及兒童類型的高級主管的經理之間的自我曲線圖時，發現兩者都可培育出優秀的經理人材。

這乃是因為在老大類型的高級主管手下工作的經理認為，在這種人手下工作絕對安全，而盡力地大展所長，即使碰到無理的要求，也會為了上司而努力。另一方面，在兒童類型的高級主管手下工作的經理認為，上司無法擔當重任必須自己從旁輔佐，而將各項業務努力做好事先安排的緣故。這聽起來像是一則笑話，然而卻是事實。當然，在兒童類型的高級主管手下工作的經理，並不見得各個都有這樣的成長。

如前所述的，這種類型的孩子完完全全就是個孩子。不過，一般的孩子並不一定會呈現這種自我曲線圖。孩子有孩子特有的ＣＰ、ＮＰ及Ａ，並不是因為是孩子而理所當然地ＦＣ及ＡＣ會居高。

譬如，有些孩子不忍心看見被捨棄的小狗或小貓。雖然知道把這些野狗野貓帶回家會被大人責備，卻無法坐視不管，像這樣的孩子很明顯地ＮＰ居高，是感情豐富的人。

因此，即使是ＦＣ、ＡＣ較高，亦即天真無邪又聽話的孩子也有其特有的問題點。

這種孩子感情起伏激烈，很容易隨波逐流，不擅長依各人的觀點做判斷，顯得輕浮不穩重。

不過，一般這些缺點會隨著年齡增長而消失。因此，並不需要過於多慮。倒是要注意居高的ＦＣ或ＡＣ是否往好的方向發展。

父母的CP過強時，孩子會喪失自發性

根據T．A的理論，可將人分成十三種類型，當然，每個人並無法單純地劃分。活生生的人會因為年紀、環境、立場及當時的各種狀況而呈現不同的類型。譬如，和情人相處時表現的是M－3型，工作時則呈現M－4型，人會自然地以不同的型態扮演自己的角色。

同樣地，也會因自己的對象而改變自己的角色。不論在家庭內或商場中會自然地形成各式各樣的交流關係。

但是，基本上根據四十四頁以下的問題所做的自我曲線圖，就可看出個人性格傾向的端倪。如果以批判的精神觀察事物的CP較高時，是表示心的熱能較容易朝向CP發展，對事物很容易以CP做反應。請根據自己的自我曲線圖認識自己的性格，並掌握對事物反應的類型。

接著，我們就根據自我曲線圖來探討親子間的關係。

你的孩子是AC較高，或FC較高呢？

如前所述，孩子的ＡＣ較高時，多半是表示父母的ＣＰ較高。

父母的ＣＰ過強時，孩子會產生過剩適應。以孩子的立場而言，如果從早到晚在父母的高壓管教下只能唯命是從，會漸漸地認為最重要且最不會造成問題的是，凡事順從父母。

孩子不再自己思考事物，凡事都找父母商量。不，與其說是商量，毋寧是向父母請示吧。

但是，到了青春期，自我開始萌生，有了自己的夥伴，也能閱讀書籍，會開始思考自己的人生時，於是會對以往的親子關係開始產生疑惑。

他們的腦中會開始思索以往自己的一無是處，簡直就像是父母的機器人嗎？父母只是為了自己的體面，而渴望我上好的大學吧？父母只是要我完成他們以前無法做的事，以獲得自我滿足吧？

當孩子開始產生這些念頭時，由於從前過度順從父母所壓抑的ＦＣ（天真無邪）會突然爆發開來。如果此時其對周遭狀況做冷靜判斷的Ａ尚未發達，可能會突然出現幼兒般的行動。

慢慢地會陷入自我厭惡，埋怨將自己塑造成這種性格的父母，認為錯

全在父母，覺得使自己落得這種地步的父母面目可憎。最糟的是，可能會造成用暴力對待父母的慘劇。

碰到這種狀況，多半會令人感嘆：「那麼老實又乖巧的孩子，怎麼會……」其實他並不是本來就乖巧，只是從小就被教養成乖巧而已。

孩子只不過是表現出乖順的樣子而已，這是CP高的父母不傾聽孩子的心聲，而硬要灌輸自己的價值觀給孩子所會招致的結果。

似乎有不少父母認為孩子順從父母是理所當然的。但是，父母應該知道孩子是發自內心的尊敬父母、聽從父母的話，或只是出於無奈表現順從呢？在T・A理論上稱為「察覺」。若想使孩子產生積極性，改善與孩子之間的親子關係，首先必須能夠察覺問題。自我曲線圖就是做為「察覺」的材料。

父母的NP過強時，會教育出任性的孩子

另一方面，表示愛情的NP過強的父母對孩子會過度干涉成過度保

護。

表示自由奔放、天真無邪的ＦＣ會呈現扭曲，教養出自以為是，以自我為中心的孩子。

正如在凡事喜歡嘮叨的父母，及ＣＰ過強的父母教養下的孩子無法做自我的思考一樣地，由ＮＰ過強的父母所教育的孩子，無法對他人表示關切與體貼。

因為，這種孩子無法深切地體驗他人的痛苦而不知道體貼待人。

但是，當予取予求的孩提時代過去，出了社會之後會發現現實中有許多不如意的事。以往要什麼有什麼，成為社會人後卻碰到極為巨大的壁壘。一般人在家庭中，藉由碰撞父親或母親的壁壘而具備了免疫力。但是，從來未曾讓父母禁止或命令的孩子，由於沒有碰壁的免疫力，對現狀的阻礙會感到驚慌失措。

到公司上班被上司嚴厲斥責，被斥責之後，也不知該採取何種態度。這看在上司的眼裡，卻變成鬧彆扭、態度傲慢。其實，當事者從未有過向他人表示道歉的經驗，由於在被責備、怒罵之後無法做適當的善後，於是

自尊心受到嚴重的傷害，而會輕易地提出辭呈。

以上司的立場而言，指責部屬的不是，是有所期待。然而，這種類型者由於沒有被斥責的經驗而認為自己的人格、存在完全受到否定。

在家庭裡，父母看見身體四肢日漸茁壯的小大人，不知該如何與之相處，只覺得慌張。而孩子看見如此膽怯的父母，不由得怒從中來。事實上是希望父母發怒，渴望從父母的怒吼中體驗父母的愛情。

心煩氣躁的孩子，只能在家庭這個可以發揮自己能力的小小世界中行使暴力。

NP過強所造成對孩子的驕寵是一種扭曲的愛情，並不是真正關愛孩子的心。

提高自律性的三個要點

CP、NP、A、FC、AC各有其好、壞的一面。

但是，察覺目前自己是屬於何種狀態的是A的部分。A具有控制心態

的機能。

當大家嘻笑怒罵玩鬧在一起時，內心卻因為某事而獨自消沉，後來才猛然發覺自己這種態度不對，這代表是冷靜判斷力的泉源A的部分。當大夥兒玩鬧得愉快時，自己卻落落寡歡恐怕會掃大家的興，於是努力地振作起精神加入大家的玩笑中。大聲怒斥孩子後常覺得「啊！怎麼又罵孩子了呢？」而自我反省的也是A的部分。

T・A（交流分析）的理論中並沒有理想的自我曲線類型。因為，每個人所抱持的理想各不相同。不過，T・A卻獎勵A能健全地發揮「察覺」的機能，將心理的熱能自由地往各個方向流通，這種狀態稱為「自律」。

T・A理論的目的是使人能「自律性地生活、使生活提高自律性」。為了達到這個目的，必須具備三個要點。

一、是前面所述的「察覺」。

二、是「自發性」。若發覺自己總是在意別人的言論，很容易陷入AC的狀態時應努力自發地提高FC，不要畏懼可能產生的一些誤解，自

由自在地開放舉止行動。

三、是「親密」。每一個人應自律並對自己的人生負責，而且，彼此認同、援助就稱為親密。

面對跌倒的人趕緊伸出雙手扶起他並安慰說：「喂，有沒有關係？站得起來嗎？」這種行為並不叫做親密。援助當事者能完全憑藉自己的意識站立起來才叫做「親密」。那麼，為了培育孩子具有自律性、自發性，身為父母者該如何給予援助呢？

這個問題也許令人感到困惑，其實非常簡單。只要改變對孩子的說話方式即可。次章我們將具體地陳述應該用什麼樣的說話方式對待孩子。

第三章

激厲或扼殺孩子的一句話

——同樣一件事只要改變說話的方式，即可能使孩子產生積極性

一 會抹滅孩子意願的話語

——武斷、命令式的語詞中為何毫無效果

只要父母改變對孩子的說話用語就不會發生問題

「用關愛對待孩子吧！」

「壓迫式的方式不太好。」

「讓孩子自由自在地成長。」

「以長遠的觀點來教育孩子吧！」

多數從事教育者都如此地主張，而這些主張都是理所當然的，沒有人表示反對。

但是，對自己孩子的教育為何不像這些主張一樣地順利呢？答案非常簡單，因為這些主張並沒有具體的明示該如何教育孩子。

若要不怕別人的誤解，並提出這些主張的主要對策，我認為只要改變說話的用語，一切問題都可解決。會閱讀本書的為人母親者，都是疼愛自己的孩子，重視自己孩子的人。既然如此，只要改變對孩子的用語就可解決育兒上的一切煩惱。

本章逐項例舉為人母親者對孩子絕不可使用，卻又經常脫口而出的話語。有些話是說不得的，但是，卻可以改變另一種方式去說。我想各位心中一定想到幾句這樣的話吧。首先請各位把這些不好的話改變過來。

俗話說「病由氣生」，在列舉這些不好的話語之前，我也想提醒各位的一句話是「衝動由話生」。

使孩子的成績大爲提高的心理學家的一句話

美國加州南部的某個小學，曾經做過一項頗耐人尋味的實驗。聞名世界的某心理學者，向該小學要求實施某項測試。

「這個測驗是，測試那些孩子們的將來飛黃騰達。」

由於這項測試是著名的心理學家的請求，教師們立即實行測驗，並把答案交給該心理學家，然後衷心地等待測驗的結果。那位心理學家其實並沒有看測驗的答案，只是任意選出數名學生，然後把所挑選的學生名單交

給老師，並說：「這些孩子將來必大有可為。」

看到名單的老師們各個大為驚訝，因為，名單中竟有成績、品性都差得幾乎無可救藥的學生。

「那個學生將來會有出息嗎？」

「既是那個學者所說的，大概八九不離十吧。」

「聽他這麼一說，我才想起那個孩子偶而也有挺了不起的建議……。」

首先，老師們對在名單上列名的孩子的態度大為轉變。

即使是本以為無可救藥的學生，由於腦海中留下心理學家認為這個孩子將來必成大器的印象，也認真地教導起來。

感受性豐富的孩子們，立即體會老師態度上的認真，慢慢地學生也開始認真地學習。

經過八個月後，實施學歷和智商檢查，結果，被挑選出來的學生的平均分數，比其他學生高出十二分。而且在所挑選的學生當中竟然出現了智商指數提高了四十～六十的學生。

眾所周知地，所謂智商指數是以一〇〇為平均質，一〇〇以下是指智商低劣，以上則被認為是優等生。

如果智商指數提高六十，假設以往是九十的孩子，就提高變為一百五十。換言之，在平均質以下的「劣等生」卻突然搖身一變為優等生之列。只是因為老師對待學生的態度轉變，就能促使學生智商有這麼劇烈的成長。

改變以往否定性地認為「這個孩子不中用」的方式，而以肯定性地接待方式認為「這個孩子日後必成大器」，就足以讓孩子的成績突飛猛進。

上述的例子我們提到老師的接待方式、態度。不過，若要更具體地表現那到底是什麼呢？毫無疑問地大部分是言詞。一定是老師對學生談話的用語改變了。

彼得瑪麗恩傳說所顯示的愛和信念的力量

上述的成果，學術界稱為「彼得瑪麗恩效果」。人只要相信自己的所為，必能達成其願望。

所謂的「彼得瑪麗安效果」是源自一則美麗動人而且羅曼蒂克的希臘神話。

※　※

從前，在塞普路斯島上有一個叫做「彼得瑪麗恩」的年輕國王。他的興趣是雕刻，每次都是雕塑女性的雕像。有一次，他找到一塊極為漂亮的大理石，於是全神貫注地雕塑「理想中的女性雕塑」。每天晝夜不分地努力雕刻。

摘花給她、替她掛上美麗的項鍊，到了夜晚更讓她躺在自己的身邊並溫柔地給予愛撫。彼得瑪麗恩一直認為這座雕像是有生命的人。

彼得瑪麗恩真誠及專注的願望，不久即傳到愛與美的女神艾佛黛迪（相當於羅馬的威尼斯）。

艾佛黛迪女神得知彼得瑪麗恩發自真誠的愛，於是賦與大理石女雕像生命。冰冷的大理石雕像泛出血色，肌膚也有溫暖的感覺，悄悄挨近彼得瑪麗恩的雕像嘴唇輕微地顫抖。

彼得瑪麗恩發覺擁抱住的雕像，竟然產生了生命而大為歡喜。

因此，向艾佛黛迪女神宣誓對女雕像永遠的愛，他將女雕像化身的美女命名為卡拉迪亞，二人隨即結婚，隨後生下一個叫戴佛斯的孩子，過著幸福快樂的日子。

※　※

這就是「彼得瑪麗恩效果」的由來。其寓意我們，只要具有信心與愛情，必能達成願望。

也許剛生下來的孩子就像一顆大理石一樣，而能塑造他們成為優秀人才的就是母親、父親吧。

在教育孩子的手段上，我們應該一一地反省日常的話語中那些語句能產生效果？而那些效果會擊碎大理石？

接著，列舉幾個代表性的語詞，來分析各個語詞到底具有多大的衝擊力足以粉碎「大理石」，並且試著將此威力數據化。當然，話語會因當時的狀況、口吻或心的狀態而改變其影響力。不過，在此請把它當做一個參考，同時，有關其具體的數據請參照後敘。

1 「你啊，真不中用，簡直就像垃圾一樣……。」

負八〇分

對他人的存在打折扣、輕視、不屑的語詞

各位是否曾經說過和這句類似的話呢？無論是垃圾或遲鈍不中用、傻瓜在本質上都具有否定對方的意味。

以T・A理論而言，這種語詞是「將對方打折扣」。所謂的打折扣是在街坊上經常可見的「便宜大拍賣！折扣商店」的折扣，是帶有貶抑的意味。

折扣商店的折扣品意味著金錢上的貶值，不過，T・A理論上的折扣則是「對自己或他人的**存在**打折扣、給予輕視、無視」。其中之所以包括**自己**，乃是因為人在懦弱時也會對自己說：「你真不中用、差勁透了，活著有什麼用。」會對自己的生存大打折扣。

當一再地對自己打折扣時，最後會走上自殺的絕路。

最近，在喜好欺侮他人的中學生團體中，經常使用的手段之一是「故意冷落對方」，這的確是極為陰險地否定他人的折扣。

相反地，「承認自己或他人存在的作用」稱為刺激。

重視折扣、刺激概念的是美國的心理學家艾力克・博恩。他所下的定義是：「人沒有刺激則無法生存，刺激是精神的食糧，人是持續不斷地追求刺激的動物。」

而刺激和折扣在肉體上和精神上都有。

具體而言，心理上的刺激是讚美、認可、注視眼睛、微笑、傾笑、傾聽談話、贊同等。肉體上的刺激則是擁抱、安撫、接吻、推拉、笑鬧、握手、指壓、按摩及夫妻間的性生活。

最近，有許多孩子沒有前述的刺激經驗，父母似乎也感到棘手，我認為這一點似乎是造成孩子容易被欺侮的原因之一。

心理上的折扣是把人當傻瓜、視若無睹、劃清界線、貶謫、中傷等，肉體上的折扣是毆打、踢打、抓擰、搔癢、抓頭髮、拉扯、用灸燒燙，而極端的肉體折扣則是自殺、殺人。

一再被打折扣的孩子會變得乖僻

不過，我想也許有人對此會感到懷疑吧！

「咦！我記得小時候經常被我父親毆打，不過我卻喜歡我的父親。」

「我的母親經常嫌我說是個三八婆，不過，現在每聽到這句話我都覺得好親切。」

各位也許有過這樣的經驗吧！的確如此，折扣與刺激之間的差別完全取決於接受者的心態。最後決定父母所傳達的信息是折扣或刺激的，是孩子本身。雖然被嚴厲地斥責、痛毆，若能覺得這乃是父母愛深責切的舉動，而且體會到父親也會手疼、心痛時，這就變成刺激。同時，如果被女朋友責難說：「你真討厭！」聽在心裡卻認為是：「她在忌妒了，其實是喜歡上我了。」雖然這和說話者意志毫無關係，也會變成一種刺激。

但是，日常的會話中，鮮少有這種現象。斥責、發怒的語詞多半會受說話者當時的感情所左右。

譬如，因為工作、家事或人際關係感到煩躁不已，碰巧身邊孩子的行

止又讓人感到不順眼時而怒喝說：「你啊！真是垃圾！」在內心深處確實隱藏著「你最好在我眼前消失」，之類的無視孩子存在的感情。這就是強烈的折扣。在此，特別想要說的是僅只一次的刺激或折扣，可能對日後孩子心靈成長有極大的影響。如果是成年人也許會判斷是「今天A先生看起來情緒似乎不太好」。

然而孩子若被指責說：「你是傻瓜！」則可能會信以為真。

一再被父母打折扣的孩子，即使日後有人讚美他說：「你真是了不起。」縱然這是眾人發自真誠的心聲，然而由於不知道該如何進食心靈食物＝刺激的方法，而會以為是種諷刺（折扣），漸漸地會變成個性彆扭、不會坦率接納喜悅的孩子。

相反地，一再地從父母身上獲得刺激的孩子，即使受到他人些許的批評，也會坦率地認為：「他們是為我著想才這麼嚴厲指責。」會想辦法改正自己的不是，而朝建設性的方向思考事物。

孩子不會因細微末節的小事感到頹喪，而成長為具有積極性的孩子。

這樣的孩子，理所當然地會受到大家的喜愛。

2 「搞什麼鬼！那是什麼頭！裝模做樣嗎？」

負九〇〇分

在漠不關心的父親、過度干涉的母親教養下的少年告白

這是接受心理輔導的一名N中學生，被導師給予強烈的漠視時，所聽到的一句話。

從這句話看來，也許並沒有太大的惡意。

如果雙方是平常有極良好的溝通關係，這句話也可能被認為是對自己的叮嚀或另一種愛情的表現。但是，N的情況卻不同。由於這句話，使N對於全班同學及老師產生憎惡與忿怒，並在心中立下誓約：「既然大家都瞧不起我，如果大家把我看做不良少年，我就做給大家看吧！」不出多時，N就變成不良少年了。

第一次碰見N時，他的頭髮染成茶色，並且梳成雞窩頭，手臂上留有香煙的燙痕。那是幫派成員為了試驗「膽識」，自己用點燃的香煙燙自己

的手臂所留下的痕跡。

不論談什麼話，那對眼神很明顯地露出懷疑的眼神。眼睛閃爍著對四周抱持警戒心的光芒，為了虛張聲勢而聳著肩走路的樣子，在任何人的眼裡看起來都是十足的不良少年。他斜睨著眼睛窺視心理輔導師的臉色，似乎像是在說著：

「搞什麼東西，我為什麼必須要和你這個傢伙說話啊！」

雖然面對這種學生輔導師早有覺悟，不過，事實上卻是一次相當棘手的心理輔導。輔導師約定每個禮拜見一次面，但他卻經常爽約不到，鮮少正面好好的對談一番。

輔導師無法半途放棄對他的心理治療，原因是由於他母親的熱誠。他的母親向輔導師哭訴說雖然N現在會打她，其實本來是個非常乖巧的孩子。為了N的將來著想，她很渴望能夠讓他重新振作起來……。

經過了三～四個月後，N才漸漸地對輔導師敞開心胸，開始談論他自己的事。

他說當幫派的老大並不愉快，還告訴輔導師為何當上幫派的老大以及

有關自己、父母、同學及老師的事。

他的父親對他從不干涉，偶爾開口說話就是獨斷性的意見，從來未曾傾聽他的心聲。對N而言，這也許是讓他感到傷心的漠視吧。

相反地，母親卻採取過度干涉、過度保護的態度，有事沒事就要插手或表示意見。對N而言，母親的所做所為令人感到厭煩、生氣。

「渴望父親狠狠地揍我一頓」

過度保護、過度干涉會扼殺孩子的幹勁，即使父母並無此意，然而這種態度對孩子而言卻透露著這樣的訊息：「你所做所為令人看不下去，因為做什麼都不行啊！還是讓我替你做吧！」

一位是一句話也不說的父親，而另一位是只會在旁獻殷勤的母親。對一再地受到父母漠視與過度保護的N而言，他已充分地具備變成不良少年的條件。

國中一年級下學期剛開學的某一天，他不經意地拿起父親的整髮油在自己的頭髮塗抹，這是N潛在地想要接近父親，向父親撒嬌的情緒吧。但

是，當事者並沒有察覺自己的深層心理，只說帶著好玩的心情在頭髮塗上整髮劑，然後到學校上課。因此，首當其衝的是老師說出本文開頭的那句帶著強烈折扣意味的話。

「搞什麼鬼！那是什麼頭！裝模做樣嗎？只會裝模做樣的人永遠也讀不好書。」

老師看到他的頭髮，霎那間如此地怒斥著。

他被父親漠視，被母親蓋上沒出息的烙印，又被老師蓋上劣等生的印章。老師的這一句氣話是N一生中永遠也無法忘記的。

如果他是在家裡受到父母肯定、信賴而長大的孩子，也許會調皮地回答說：「嘿嘿嘿，我的頭上是沾了爸爸的髮油了。」或者會為自己辯解說：「老師，不會的啦。這個時代趕流行也是挺重要的喔！」

但是，卻沒有任何人對他的行動表示贊同。後來，只有和他開始交往的不良少年，肯定他的存在。經過半年以上的時間，輔導師終於成功地能夠為他做心理輔導。因為，輔導師已經和他變成朋友了。

他不再對母親施行暴力，也願意參加曾經揚言絕對不參加的高中考

試。

現在，他已經高中畢業成為社會人。不過，讓輔導師記憶深刻的是，在心理輔導的最後一天，他含著淚水對輔導師說的話。

「老師，我，我想至少一次讓我爸爸好好的痛毆一次！」

他的臉上充滿著淚水，一臉孤寂的表情說想讓父親痛毆一次。

這時的他是坦率的。他並不是批評、攻擊對自己毫不關心、獨斷自為的父親，而是發自內心的真誠懇求。他渴望父親帶著父愛斥責自己的所為，渴望父親帶著父愛毆打自己。對N而言「毆打」是比什麼都令他感到高興的刺激。

比起輔導師花費漫長的時間，傾聽N的話，父親只要給予一次帶著父愛的刺激，問題早就解決了。他的父親也許是不知道什麼叫做刺激而長大的人吧。

3 「你啊！不在了最好……」

負一〇〇分

因爲母親的潛在意識造成發育不全、情緒不穩定

最近，母性的愛情缺乏症候群症已經造成問題，而有這種情形的孩子似乎比預想的還要多。

這是不願意當母親的女性在不得已的情況下變成母親時，潛在意識裡會憎惡孩子，而嬰兒會敏感地察覺母親的這種心態，而開始拒絕成長，甚至拒絕生存。

換言之，孩子會產生發育不全、情緒不穩定。母親即使顧及周遭人的眼光而佯裝對嬰兒表示關愛，然而卻無法矇騙嬰兒。若沒有真正的愛情，嬰兒既不會增加體重，也不會長高。

也許有人認為這簡直是匪夷所思。但是，接著就介紹令人震驚的一段『第二次機會』紀錄影片。

※　　※

不得已生下孩子的母親

主角蘇珊已經一歲十個月，卻是極端發育不全的女孩。體重只有六・七五公斤，和五個月大的嬰兒差不多；身高則和十個月大的嬰兒一樣大約只有七十公分。

一般幼兒到了一歲十個月之後，已經會學走路，也多少會說些話。然而蘇珊不但不會說幼兒用語、走路，連在地上爬行也不會。而且，醫院的護士或醫生想抱她時便會嚎啕大哭，是個情緒非常不穩定的幼兒。

在不明究理下經過三個禮拜，不過，醫院方面卻察覺到一個事實，那就是蘇珊的父母從蘇珊出生後從未到醫院看過她。

院方心想，她的父母大概發生什麼問題吧。於是讓醫院附屬的社工去探訪蘇珊的父母。

那是一對父親二十五歲，母親二十四歲的年輕夫婦，既有教養，生活也是中上的程度。表面上找不出有任何的原因。

在交談中，發覺一個重要的事實，原來蘇珊的母親是信仰禁止墮胎的宗教（好像是天主教）。蘇珊是在不被期待下所出生的孩子。她的母親懷有蘇珊時，心理上卻還不願意生產，但是，基於宗教上的理由不得不生下蘇珊。

蘇珊的母親在接受訪問中如此地說：

「我真搞不懂，世間的父母為何說孩子是可愛的呢？我不想對蘇珊做任何事。」

由此不難想像蘇珊的母親是如何的對待蘇珊。蘇珊漸漸地覺得周遭的人對她只有傷害而已。

蘇珊的母親偶爾情緒好時會想要擁抱蘇珊，但是，蘇珊以為母親又要來傷害她而嚎啕大哭表示拒絕。蘇珊極力地以拒絕來表示抵抗。

電影畫面中的蘇珊哭泣時並不流淚，雖然淌著鼻水哭泣卻一滴眼淚也沒有。她的母親看見不流淚而哭泣的蘇珊，以為是蘇珊故意鬧彆扭的假哭，而覺得焦躁厭煩，變得歇斯底里。母女的關係就在這種惡性循環下反覆著。

給予刺激，則以平常的四倍快速成長

總而言之，治療的方法是先給蘇珊刺激。既然原因是愛情不足，不需服藥只要給她刺激。

從母親銀行（由自願擔任母親職務者登記而成）來了一位在代職母親工作上有十二年經驗的希拉夫人，一天六個鐘頭，每週五天陪伴著蘇珊給予母性的關愛。

剛開始希拉夫人要抱蘇珊時，蘇珊也會表示拒絕。但是，希拉夫人卻不顧蘇珊的抗拒，仍然把她抱在懷裡，給予輕撫、對她說話、向她微笑等等。逐漸地，蘇珊開始感到應該會傷害自己的人怎麼會對自己微笑，和善地擁抱我呢？咦！這和以往有些不同喔。於是蘇珊的動作、表情，尤其是眼神漸漸地改變了。

兩個禮拜後，主治女醫師向蘇珊伸出手時，蘇珊最初會表示拒絕，不過稍微思考之後終於讓女醫生抱在懷裡。這是蘇珊覺得人們不會傷害她的證據。三個多禮拜後，蘇珊已經會匍伏爬行，兩個月後開始說幼兒的用

語，飲食方面也會積極地用手去攝取，體重增加二‧七公斤，身高也增長五公分。這種成長狀況，是約美國平均幼兒的四倍。

是愛情使曾經萎縮的體重增加、使身高提高。三個月後，蘇珊竟然拉著希拉夫人的手在醫院走廊來回地學走步，看到這番可愛景況的陌生老公公伸出手去時，蘇珊竟然能帶著蹣跚的步伐挨向前去，讓老公公擁抱。

在電影的片尾，出現用自己的腳一步步往前行的蘇珊的腳。畫面上的旁白如此說道：

——蘇珊開始朝向不確定的未來一步步地邁進。愛的力量能如期地被證明嗎？——

蘇珊的治療的確有極大的成果。但是，這個成果所帶來的是讓蘇珊面對不確定的未來。換言之，治療後的蘇珊又要回到父母的身邊。

※　※

這是極為特殊的例子。但是，在得不到父母的期待和祝福的孩子，多少都有蘇珊一樣的心態。希望為人父母者，千萬不要有讓孩子產生這種心態的言行舉止。

4 「還在幹什麼？趕快做啊！」

負二〇〇分

您在早上曾經說過這樣的話嗎？

「趕快做！」「還不趕快做！」這些語句似乎已變成身為母親者的咒文。母親們似乎喜歡孩子能凡事動作快一點。難道是對家事的處理已亂了陣腳？否則連細微末節的小事也要一一發號司令，像司令台發射機關槍一樣地向孩子數落。

譬如，早上——

「六點半了，趕快起床！」

「還在睡，會遲到喔！」

「刷牙了嗎？」

「我不是告訴你先換衣服嗎！」

「趕快吃啊！」

「怎麼！那是什麼姿勢？吃飯的時候要坐好！」

「書本帶好了嗎？」

「手帕、衛生紙呢？」

「快一點啦！別老是慢吞吞的。」

每天都聽到這些指令而上學的孩子有何心情呢？旁人聽到這些指令就感到厭倦疲憊，何況是被指責的孩子。再說，發號司令的母親也會精疲力盡吧。孩子為了躲避這些囉唆的指責，會趕緊往學校落荒而逃。

令人懷疑這些母親是不是真的渴望孩子能否自己起床、自己整理當天上課的書籍、自己刷牙、吃完早餐後再出門呢？如果真的渴望孩子能自動自發，為何不做根本的解決呢？這些母親該不會只是每天早上拿孩子窮開心吧？

但是，最可憐的是孩子。因為孩子也必須自己走完未來的人生，而母親卻完全剝奪孩子應該做的事情。換言之，剝奪了孩子個人做事的權利、失敗的權利。慢慢地孩子會有這樣的觀念：

「不論自己做什麼事父母都會指責，所以還是稍等一下，看看他們怎

麼說再怎麼做。」

孩子是敏感的，他們會察覺母親無意識中所渴望的事情，並且會極力達成母親的願望。

誘導孩子自動自發

有一個發自內心，渴望孩子能自動自發生活的母親，晚上孩子睡覺前會對孩子說話。她自己正襟危坐，也讓孩子坐好，然後面對面地告訴孩子說：

「孩子，我很不喜歡每天早上對你囉囉唆唆了。我想你也一定覺得討厭吧。其實根本不再需要對你囉唆了，因為你已經知道每天早上該怎麼做，而且也具有做那些事情的能力。

所以，從明天早上開始，我會六點半叫醒你，接下來的就讓你自己去處理。六點半是否起床則由你自己決定。不過，希望你記住上學之前應當遵守生活禮儀，要刷好牙，同時，為了遵守家庭的規矩，在七點半以前要吃完早餐。」

這項約定之後，兩天來孩子自己做上學前的準備，雖然勉強趕上上課的時間，但是，到了第三天也許是過於疏忽吧，竟然睡過頭了。母親雖然知道孩子遲到了卻不表示任何意見，而且，據說也不斥責孩子，而讓孩子刷完牙、吃完早餐再出門。然後母親趕緊打電話到學校，向老師說明孩子遲到的原因並請求協助。

對這個孩子而言，「因自己的關係而遲到，真丟臉、傷腦筋。」這種體驗，卻是造成他學習到其它更多事物的契機。

即使是個孩子，當他碰到麻煩的事情，也會努力地想辦法解決。最好讓孩子從小時候就養成這樣的習慣。因為，長大之後再做彌補反而愈加困難。

能容忍等待的母親是偉大的，同時也是極為辛苦的。但是，若能為孩子長遠的將來著想，暫時忍耐的價值是無可比擬的。

二 完美主義會使孩子變得無精打采

——不失敗的方法——什麼都不做的孩子

一味要求孩子「更加……」會產生反效果

不論是學校成績或生活態度，渴望孩子比現在更好，乃是天下父母的心願。正因為如此，常不經意地要求孩子要「更加……」。

尤其是CP較強、喜歡嘮叨的父親。即使孩子表現出相當的成果也不會因此而滿足，非但不會因此而讚美，還會拿過去的某些經驗來指責孩子說：「只要做就辦得到，為什麼以前就不做呢？」

當孩子發覺無論自己有何成果，都會被父母以負面的形式斥回時，以後就不再做任何努力了。

5 「只要多注意一點就可拿一百分，怎麼……」

負一五〇分

一旦給予漠視後，事後的補償可要大費周章

平常考試只拿六、七十分的孩子，很難得地考到了九十分的好成績。孩子的內心一定期待著父母的讚賞。根據交流分析來探討當時父母的應對方式時，可能有五種反應。那是前章所陳述的心情狀態、CP（批判精神）、NP（母性本能）、A（成人之心）、FC（天真無邪之心）、AC（順從之心）所產生的反應。

研究T・A（交流分析）的學者，為了更清楚地表現這些反應會附予孩子多大的成就感或挫折感，而以數字表現其概算量。首先，把基本量放在由A產生的反應。

「這次考試得了九十分喔！」

「喔！比平常都高嗎，太好了。」

判斷力泉源的A，會不攙雜任何感情而以冷靜的態度分析結果。雖然會給予讚美卻不會為了得到高分就歡喜地替孩子召開慶祝會。若是FC較高、天真無邪的孩子對此有許會感到有些失望。不過，這種反應卻不會造成挫折感。對孩子而言這是「正一分的刺激」。

接著來看CP的反應，批判的CP對於不符合父母期待的孩子會感到忿怒，因此，會做這樣的回答：

「既然能考九十分的能力，以前為什麼不用功呢！」

「既然可以考九十分，如果再注意一點就可以考一百分了吧！」

「九十分？你該不會是做弊吧？」

「爸爸在小時候不會因為一次九十分就洋洋得意喔！」

這種反應會給孩子造成「負二〇〇分」的挫折。

換言之，孩子會承受此A產生的刺激反應高出兩百倍的折扣。

如果孩子持續接受這樣的反應，即不論做什麼都無法獲得讚美，慢慢地就不再對父母坦白了。因為，與其最後只會落得被責備的下場，不如什麼事都不做，或者做了也不說。

令成績轉好的女學生離家出走的一句話

欠缺主體性、體貼別人的ＡＣ過強的父母，對孩子的變化會感到困惑而不知所措。更糟的是會認為「讓我如此感到為難都是你的關係」。而對孩子燃起莫名奇妙的憎惡感。

「媽媽我考了九十分喔！」

「什麼九十分啊！我每次參加母姐會都因為你而丟盡了臉。現在忙的很，走開、走開！別在這裡給媽媽添麻煩……」

像這樣的反應是負一千分，對孩子的遷怒等於是對孩子傳達「你最好在我眼前消失」的訊息。

Ｍ女學生和她的母親就屬於這樣的案例。Ｍ是國中三年級，學習成績的偏差值是五十七（平均標準質為五十）並不壞，但是，因為想要參加偏差值將近七十的某女子高中的升學考試。老師、母親和Ｍ女學生三人進行洽談。當時老師斷定Ｍ根本不可能考上女子高中，而在一旁的母親也陷入極端的ＡＣ狀態，心煩氣躁地對Ｍ女生遷怒。

但是，M女學生在放寒假時仍然努力用功，結果偏差值進步到了六十五的成果。M心想母親應該會大為心喜，而將結果告訴母親。她的母親竟然回答說：「現在考了六十五分也來不及了，志願的學校已降了兩級，偏差值再怎麼提高也沒有用啊！」

因為母親的這句話，M承受了負一千的挫折，深受打擊而離家出走。雖然兩天後找到了M的下落，然而M心中的創傷大概很難痊癒吧。因為，她的母親何其殘忍地剝奪了M難得發奮圖強的心志。

夫妻吵架而對孩子出氣是最差的挫折

一位父親曾經對自己的女兒給予負二〇〇分及負一〇〇分的雙重挫折。女兒在五歲那年的某一天，她拿著自己描繪的圖畫給母親看，那張圖畫是描繪著女兒一直嚮往的留著長髮的女孩。圖中女孩的頭髮幾乎長到腳跟。因此，母親說：

「為什麼畫這麼長的頭髮呢？那裡有頭髮這麼長的女孩呢！把她畫短一點！」

女兒的表情霎那間變得暗淡。這是CP的反應所造成的負二○○分的挫折。內心雀躍地以為會被讚美的畫，卻被批評的一文不值。女兒所承受的打擊是多麼地難堪啊！在旁邊看到這個情景的父親，隨即採取批判的態度。

「妳怎麼每次都這樣啊！我不是告訴過妳要先給孩子讚美嗎？妳看到女兒的表情了嗎？那一臉無辜的表情，難得她想畫畫……，都是妳的責任！」

現在變成丈夫給妻子負二○○分的折扣。藉女兒的一張圖畫批判妻子的缺點。這時，在理論上處於劣勢的妻子，漸漸變成全盤接納對方主張的AC狀態。

「會搞到這麼不愉快的氣氛，都是女兒拿什麼畫來看的關係。」

當妻子內心產生這樣的念頭時，女兒又把重畫好的圖畫拿給媽媽看。結果妻子又說：

「沒空管妳這些了！都是妳害媽媽被爸爸罵，妳還是自己到那邊玩吧！」

這句話等於是負一〇〇〇分的挫折。那是表示妳不必存在、現在就從我的眼前消失、不在了最好、連看都不想看妳一眼的完全否定。

結果變成彷彿是事前就計劃好似地，給女兒雙重挫折的打擊。

父親察覺到自己的過失而無法再責難妻子，事後當心情平靜時，才將這件事仔細地分析給女兒聽，她也似乎明白了其中的道理。不過，何其愚昧地，兩個大人聯袂給才僅僅五歲的女兒那麼強烈的挫折啊……。

率直地讚美、發自眞心的喜悅的重要性

以上所說的全都是挫折的例子，如果是由表示豐富感情的NP所產生的反應，則會變成刺激。

「媽媽，我考試考了九十分喔！」

「啊！太好了。好用功喔！」

如此讚美時，若能再進一步去輕撫孩子的頭，就變成正五十分的刺激了。

在某母姐會的研習會中，調查她們對這種狀況的反應時，發現似乎以

NP所做的反應為多。

接著來看天真無邪的FC所產生的反應。

「我考試考了九十分喔！」

「太好了，太棒了。九十分嗎？哇，太棒太棒了。」

自己也和孩子一樣樂得活蹦亂跳的就是FC的反應。

和孩子一樣的變成FC的心，開朗地叫著「太好了，太棒了！」彷彿自己考了九十分一樣地敞開心胸大為歡喜。對孩子而言這是正一〇〇分的刺激。

但是，各位是否發覺到無論怎麼讚美，刺激的量竟然比挫折量少得多。

由此可知如果失去理性，在AC的反應下，一度對孩子表現憎惡感時，冷靜判斷力的A必須一千次、NP必須二十次、FC則要十次給予讚美才能彌補孩子心靈的創傷。

並非凡事都要給孩子讚美，不過，經由上面的說明，各位應該了解若持續地給孩子打挫折感，將會使事態變得難以收拾。

負一〇〇分

6「好好地做！」「振作一點！」

激厲孩子產生幹勁的語詞爲何會造成反效果

從未向孩子說過這兩句話的父母，可說是世間罕見啊。因為，這兩句話已經成為多數父母的口頭禪。

做母親的也許是想激厲孩子。但是，她們卻沒有發覺這些話事實上會喪失孩子的衝勁。

其實，這是不信任孩子或不想信任孩子所說出來的話。母親的內心一定嘟噥著：「如果我不命令你什麼也不會做。每次都是如此，你這個孩子。所以，不論我怎麼忙也都要一一地指示。趕快照我說的去做吧！怎麼不積極一點呢？」

明明是在摧殘孩子的衝勁卻要求孩子提起衝勁；要求孩子聽自己的命令卻要孩子自動自發，這是多麼矛盾啊！孩子根本不知道該怎麼辦才好。

參加研習會的小學五年級學B的母親，就是完美主義的人。

「好好地做，振作一點！做事絕對不可馬虎喔！絕對不可給別人添麻煩！」

如果B沒有達到她所訂定的標準，就開始給B否定。即使字寫得有些歪斜，也要斥責一番。就連算術的應用題，不但要求答案正確，還會挑剔數字寫得難看。

如果不合乎她所訂定基準的完美文字、正確解答，就不會獲得肯定。當然，B並未能寫出一手合乎標準的漂亮字體或做出正確的答案。

但是，這當中卻隱藏著一個極大的陷阱。為了讓母親們發覺這個陷阱，在研習會中讓一位母親蹲在像孩子一般的高度。然後要求她抬頭看著主持者，而主持者則俯視著她說：

「好好地做，振作一點！」

然後主持者詢問這位母親有何感想，她們的回答都是：「好害怕。彷佛被壓迫一樣。」

在理會「好好地做！」這句話的意思之前，孩子首先感到的是「害

怕」。

在T・A理論中，對於父母帶著壓力所傳達的非語詞的訊息，稱為「禁止命令」。

換言之，「好好地做！」等於是向孩子傳達「不可做……」的禁止命令。

「好好地做，把事情做好。」這句話其實是表示「絕對不可失敗！」當父母一再地向孩子要求完美時，慢慢地孩子會找出絕對不失敗的最好方法。那就是「什麼都不做」。因為，既然不論做什麼都會被責備，什麼都不要做就不會被責備了。而且，漸漸地會封鎖其心智而變成自閉症兒。

B的母親曾悲傷地向主持者訴苦說：

「我那麼認真地叫他『好好地寫』他卻拖拖拉拉地沒完沒了。老師，到底該怎麼辦才會讓孩子好好地做事呢？」

母親愈是認真，孩子愈是會去找尋不失敗的方法，也就是徹底運用到什麼都不做的巧妙方法。母親以為是為孩子設想的忠告，卻反而會使孩子變得更拙劣。

但是，如果深入地思考，可能會發現B母親的潛在意識根本不渴望B產生幹勁。

雖然滿嘴說：「希望他成為具有衝勁的孩子。」然而，也許在她的深層心理，卻害怕著一旦B產生幹勁，B會自立而離開自己的身邊。

對於無法離開孩子的母親而言，也許其所需要的是永遠依賴她而沒有衝勁的孩子吧。因此，最重要的應該是做母親的捫心自問。

7「不要因爲這點事就滿足」 負一〇〇分

若以大人的基準判斷孩子的行動會失敗

認同他人並給予讚美，和被讚美是一樣的快樂。一位父親給女兒取名為「賴盈潔」。從她開始懂得分辨事物時，就告訴她名字的由來。「妳的名字賴盈潔指的是月亮女神喔。如果有人在夜晚的街道上迷失，你要替他們照亮道路喔！那麼，這些人就可以平安無事地回家。爸爸希望妳能夠成為替有難者解圍的善良女孩，所以，才給妳取名為賴盈潔。」

女兒每次都閃爍著亮晶晶的眼睛，靜靜地聽父親帶有如此期許的話。女兒在四歲出頭開始對文字產生興趣，看見幾乎能閱讀出所有注音符號的女兒，感到無限地歡喜與放心，雖然父親也自覺這是身為父母的一頭熱，卻無法隱藏女兒成長的喜悅。

慢慢地，女兒開始會自己胡亂填鴨，當她握著鉛筆畫圖時，父親在她的紙上寫著「ㄅ」一字，她有樣學樣地認真在紙上寫下第一個「ㄅ」這一字，父親忍不住叫起來。「太棒了！寫得真好！」

父親給女兒最高的讚賞，而事實上父親也如此地認為。

女兒的表情霎那間綻放出喜悅的光芒，接下來的瞬間又帶著更為認真的表情在紙上不停地寫「ㄅ」這個字。當女兒完成了一個「ㄅ」字時，父親就不停地給予讚美。父親是讚賞其努力不懈的精神。

接下來教她寫「ㄚ」，不久，父親教女兒寫成「ㄅㄚ」。靜靜聽父親說明寫法的女兒，臉上充滿著認真的表情，她的認真似乎令人感到一陣恐懼。在父親還未說明完畢時，她就動筆寫了起來。當然，當場就學會了「ㄅㄚ」這一字。

那麼專注的表情，聚精會神地傾聽他人的說明，那有辦不到的事。不到十分鐘，女兒已經會寫「ㄅㄚ」。當然最高興的是當事者。

得意洋洋的表情、「辦到了」的喜悅、「成功了」的滿足感，不論大人或小孩似乎都一樣。這時父親覺得似乎發現了「衝勁」與「意欲」的根

源。對孩子而言，這個瞬間才是成為成長與行動意願、精力的泉源。在這個時候，最重要的是身為父母要贊同他「做了某事」的事實。換言之，要和孩子一起感到高興。

但是，身為父母者往往以自己的基準判斷孩子的所做所為，並要求孩子合乎該基準。在認同孩子之前，想要操縱他們。以下列舉渴望孩子「Be Perfect」的完美主義型的父母，經常會給孩子下達的禁止命令。

◆「不要漏氣！」

完美主義者最感到痛苦的，是讓他人得知並不完美的自己。他們不願意赤裸裸地把自己呈現出來。

因此，他們只能做自己有把握的事。而他們也如此教導孩子，所以，會使孩子長大變成具有強烈防禦僻性的消極兒。

◆「不要覺得滿足！」

完美主義者，不論有什麼成果永遠不會感到滿足。

在心理教室接受輔導的一名國中二年級女學生K，英文考試總是考四十～五十分。有一次她考了八十分，據說她的父親竟然說：

「妳既然可以考八十分應該也可以考一百分。等下次考了一百分我就買妳喜歡的東西給妳。」

聽了這番話的小惠，下定決心讀書，終於在下次考試考了一百分。這時，您猜這位完美主義的父親怎麼說呢？

「既然考了一次一百分，應該也可以好幾次考一百分。這也表示妳以前是多麼地懶惰不用功，在妳沒有連續考一百分之前，暫且不買妳喜歡的東西。」

也許這位父親是想要激厲女兒用功，但是，結果卻完全剝奪了女兒的讀書意願。

「真是氣死我了！聽了就想吐……」

深切地明白，用不像是女孩子所說的話表達自己不滿的這位女學生的心情。她的父親為何不和孩子一樣以FC的心與她樂成一團呢？總是以CP的反應，指示、命令孩子，這只會剝奪孩子的向上心啊！

8 「一個大男孩了怎麼可以哭！」

負一〇〇分

愈想教孩子堅強，愈會把孩子變成不會感動的人

看到花朵覺得美麗、抬頭看見梅雨過後的晴空感到舒爽、看見嬰兒的笑臉會忍不住也想回以微笑，人應該重視自然天成的感情。

所謂具有積極性的孩子各個生氣蓬勃，而其產生積極性的根源似乎是能自然地流露對美麗的景物感到美麗、對強者感到景仰、對弱者能伸出援手的健全心智吧。

ＦＣ、自由的孩子心可以說是一切積極性的根源

然而ＣＰ較強的父母，經常會以批判的態度壓抑孩子的ＦＣ。

參加「積極性研習會」的國中三年級學生Ｍ，是個喜怒哀樂不形於色的孩子。

在「積極性研習會」中定期地實行從根本處觸發孩子們的精神，使他

們正視自己本來所具有的能力與幹勁的訓練。讓他們在結束訓練後發覺自己所隱藏的可能性而彼此共有這份感激。

在反覆訓練中只有M不和其他的學生打成一片，一副極為興趣缺缺的樣子。當其他孩子手拉著手讚賞彼此的奮鬥時，唯獨他一個人孤零零地窩在角落。這樣的舉止甚至讓人感到有些怪異。不論是喜或悲，似乎和他完全無緣。

他雖然還是個孩子，卻沒有FC的解放性格，追根究底是他的父母所造成的。

他的父親自幼接受的是祖父軍事化的嚴格教育，並對於身為長男的他，也施予嚴格的教育。

當他在外頭和別人打架哭著回家時，據說反而會遭到父親的責罰並要求他說：「再去把對方揍一頓回來！」而被逐出家門。若因而暗自飲泣，又會被責罰說：「男孩子哭什麼啊！」

碰到高興的事而雀躍不已時，卻會被父親潑冷水地說：「有什麼好高興的，像傻瓜一樣！」因為某些事感到害怕時，又會被斥責說：「害怕什

麼！混蛋！」

從小開始就一再地承受父親所下達的禁止訊息。不要哭、不要高興、不要發怒、不要悲傷等，被禁止所有的感情表現。結果變成缺乏感受性的孩子。

也許父母所採取的是教育孩子成為成人的方針。但是，結果卻使孩子變成毫無感動、無精打采。

孩子的感情不可防堵，而要讓它自然地流露

有位母親也是一位非常嚴格的人。有一天傍晚，她五歲大的孩子按住跌倒在地而擦破皮的膝蓋頭，在門口大聲的哭泣。

那位母親從房裡出來見狀卻大聲地說：

「在哭什麼啊！男孩子不可以哭、不可以哭啊！」

她的孩子雖然口裡說著好痛好痛，卻拼命地忍住眼淚。

這時，孩子已經察覺到「男孩子不可以哭」，這句話裡頭所隱藏的禁止命令。而在內心裡下定決心說：「即使覺得疼也不可表現出來、感到悲

傷也不可哭。」

因而拼命地忍住眼淚。但是，痛的感覺是無法否定的。雖然不再流淚，卻仍然一再地說好痛、好痛。

這時，他的母親竟然說：

「不痛、不痛嘛，這一點小傷。」

母親大概不會覺得痛吧。因為並不是她自己受傷。但是，她的小孩事實上膝蓋擦破了皮而感到疼痛。然而母親卻說：「不痛。」因此，他又從這句話中感到某種訊息。

「是嗎？原來這種痛不是痛。自己的感覺不正確。」

嚴格的父母在管教孩子的美名下，一再地向孩子傳達「不要表達自己的感受！不要以自己的感覺為感覺！」的禁止命令的訊息。

M也是一再地接受這樣的禁止命令而成長過來。對被剝奪感覺的心、沒有感激的心的孩子，要求產生衝勁是無理強求。抹滅孩子對功課以外的一切感動，而只要求其對功課產生積極性的參與是錯誤的。如此本來生動活潑的讀書，變成一種義務、無聊而辛苦的作業。當然會厭惡音樂或圖

畫，情操永遠無法發芽。

成年人和兒童不同，他們是在社會的各種規畫中生活，想哭時不能哭、想笑時不能笑、想生氣時也不能發怒。諸如這般禁止率直地表現自我的感情，而使感覺的心變得遲鈍。

當成年人在哭泣時，無意識中會禁止自己「別哭！」而忍住眼淚哭泣。因此，哭泣後雙眼會充血。

相反地，不受這種命令左右的孩子，想哭時會大聲地哭個痛快。因此，它們在哭泣後眼睛不會充血。而且，「剛哭過馬上又展顏歡笑」根本忘記曾經有過的悲傷已埋頭在另一個遊戲中了。

這種現象和開雲霄飛車類似。當走到下坡時，成年人會拼命地踩著煞車徐緩地下坡（忍住眼淚）。結果來到最低處時就停止不動了。但是，孩子即使碰到下坡也不踩煞車（哭個痛快）。然而到了坡底卻能迅速地改變姿勢而往上坡攀爬。

因此，全身上下充滿了活力，對任何事都可集中精神。具有感激性的孩子復原力較強。而且，一旦親身體驗而奮發圖強的孩子，以後就能果敢

地向更大的困難挑戰。經由這些體驗會使自己的衝勁膨脹為二倍、三倍。研究開發所謂完形心理學（效果極高的心理療法）的費力茲・巴爾茲有一句非常著名的話。

「Don´t push the rirer, it flows by itself」

「不要堵住河川的流水！因為它會自然地往前流。」

換言之，這句話告訴我們：「不要壓抑感情！讓它自然地流露吧！」

迷路的孩子被尋獲，因為過度的不安而哭泣時，在告訴他「不要哭」之前，應該緊緊地將他抱在懷裡讓他哭個痛快。當孩子哭夠時，會感到滿足而發出對一切的事物感到「ＯＫ」的感情。

負二〇〇分

9 「不是告訴過你要細心計算嗎！」

刺激是無條件，「挫折」必須附帶條件

面對因計算錯誤而數學成績不好的孩子，多半的母親大概都會這麼說吧。

為人母親者會感到懊悔不已。由於這是只要稍微留意就可避免的計算錯誤。平常一再地要求孩子要注意，卻又……多麼令人可惜啊！

若是賢明的母親，這時會用刺激圍攻方式的說詞面對孩子。為了向孩子傳達考試要特別留意的信息，母親首先要忍耐發怒的情緒，製造讓自己要說的話孩子會聽進去的心理狀態。這好比為了正確地打好地樁，要事先調查好地點一樣。因為，如果沒有讓孩子具有樂意傾聽母親忠告的心態，所說的話語並無濟於事。

對孩子而言，被指責是一種「挫折」。因此，必須像三明治一樣用刺

激包圍住想要下達的「挫折」。

首先，給予第一個刺激。

「我知道你也發覺算術成績之所以不好，全是計算錯誤的關係。而媽媽也看見你努力地要改正這個過失而勤快地練習計算問題，覺得非常佩服喔！」

這時孩子會覺得母親關心自己、隨時注意自己，而且非常瞭解自己，不禁感到高興。因而會傾聽母親的忠告。

接下來，是附帶條件的「挫折」。

「不過，有一點我必須告訴你，這大概是不注意所造成的錯誤。是不是寫考卷時一時的疏忽呢？如果做計算時先在別的計算紙上，然後再依樣做答，我想就不會有這些錯誤才對。」

孩子的表情顯得有些頹喪。那麼，接著給他第二個刺激。

「這件事你一定辦得到，平常看你的表現就知道你一定沒有問題。好好加油喔！」

真正地信賴孩子的能力，向他如此地傳達時，應該沒有孩子會覺得

「囉唆！」而避開。在這時最重要的要領是「刺激是無條件、挫折要附帶條件」。

譬如，如果附帶條件地給予孩子刺激，例如說：「你每次都考了好成績，很棒喔！」會令孩子覺得考不到好成績時，就無法獲得母親的關愛了。

「你每次都會把房間打掃得乾乾淨淨，媽媽很高興喔。」這句話也會令孩子覺得：如果不打掃房間，媽媽就不再愛我了。

同時，在給孩子「挫折」時，如果無條件地做否定，例如說：「你真是不中用啊！」會令孩子覺得所有的人格遭到否定而無法從這個打擊中振作起來。所以，必須告訴孩子：錯是錯在你考試不小心，常忘東忘西這一點上而已。你的其它部分媽媽都喜歡。

在公司等組織中的人際關係之所以惡化，原因多半是不當的「挫折」。身為上司者，往往在斥責部屬時會帶有否定其全人格的方式。而部屬不僅被斥責，甚至覺得自己的人格全部受到否定。如此一來，本來並不太嚴重的問題，也會演變成不願與上司謀面的人際關係。

三　是否以父母的權威壓孩子呢？

——無意識中打擊孩子弱點的卑鄙言詞

父母逞口舌之能絕對無濟於事

當孩子上了小學高年級時會開始對父母頂嘴。碰到這種情況，父母應該冷靜的思考孩子何以會頂嘴，然後再給予處置。

但是，往往和孩子站在同一個戰場上開始爭吵，最後甚至丟下一句讓孩子無法回答的氣話。

乍看之下，最後似乎是父母戰勝了，但是，孩子在內心卻因此而蔑視父母。結果親子雙方落得不愉快並同時受傷害。

事實上，在這種狀況下並沒有所謂的勝者，雙方都是敗者。為何無法避免毫無意義的口角呢？

負一五〇分

10「趕快讀書！」

為何會脫口說出毫無意義的話呢？

曾經向一百位國中三年級的學生問說：

「有沒有人因被父母催促趕快用功，而失去想要讀書的意願？」

結果大約有八十名學生舉起手來。另外，也曾經向一百位母親問說：

「有沒有人一看到孩子就會忍不住要催促他說『趕快去讀書！』」

同樣地，也有大約八成的母親舉起了手。雖然有些母親在事後會感到後悔，然而這句話卻像口頭禪似地，叫人忍不住會脫口而出。孩子每次聽到這句話就感到不愉快，而母親似乎也是覺得不向孩子催促一句「去讀書！」就會感到未善盡責任。

因為，若真的發自內心渴望孩子用功讀書，從無數次試行錯誤的體驗中應該會明白，這句話並沒有任何效果。難道母親是以為再差勁的射擊手，只要每天不停的發射總有一天會命中標的？

這句話不論是說話者的母親或聽受者的孩子都會覺得非常不痛快。孩子即使依照母親的指示坐在書桌前，也無心讀書吧。讀書會有效果，只有在當事者帶著想要讀書的心情去讀書的時候。

「去讀書！」

當孩子被如此要求時，多半會保持沉默。但是，這並不是順從的沉默，而是屈服在無法反抗的父母的威壓性的言詞。不過，當孩子上了國中後，會明顯地給予反駁。

「知道了啦，真囉唆。」

「知道的話就去做啊。」

「我正想要去啊！」

「每次只會在口頭上逞強，卻什麼都不做。到底是為誰讀書啊？媽媽可無所謂喔，以後後悔的可是你自己啊，我可都是為了你好呀！」

親子之間如果每天反覆著如此的唇槍舌戰，孩子會漸漸地變成乾脆沉默不語。

爲人父母者到底是想挫敗孩子還眞的是要他用功

即使不必任何人提醒，孩子也非常明白不可不用功。

當他被指責說：「到底是為誰讀書啊？」他們也非常明白不可回答說：「是為媽媽讀書。」

而有些父母當孩子陷入沉默時，又會一再地乘勝追擊說：「怎麼不說話呢？有什麼話快說啊！」彆起扭來想要讓孩子屈服。在理論上這的確是母親「獲勝」。

但是，面對書桌打開了教科書卻不「讀書」的孩子也戰勝了父母。所以，只求在形勢上戰勝孩子毫無意義。因為孩子已經喪失讀書的意願，而母親在「希望孩子讀書」的慾求上也沒有獲得滿足。

令人不禁想向身為母親者問一個問題。到底母親是真的渴望孩子認真讀書，或者只是想要讓孩子屈服呢？總覺得有些母親只是想屈服孩子而以讀書為材料罷了。

如何讓孩子自動自發呢？其基本態度是，鼓勵孩子「做自己所決定的

事」。讀書也是孩子們「自己所決定的事」的一部分。而且僅僅是其中的部分而已。

孩子們有許多需要他自己做決定的事情。例如早上按時起床、飯前幫忙整理餐具、練習打棒球、早上慢跑、照顧弟妹等等。而無論什麼事情，最重要的是一定要「完成」自己決定「要做」的事。

沒有這種習慣的孩子當然也無法把功課做好。而決定「要做」的事並非母親，而是孩子本身。

父母所能做的是在一旁輔導，並且協助孩子將所決定的事情付諸實踐。

在孩子年幼時若能建立這樣的親子關係，以後的教養自然順利。孩子會主動尋求母親的協助。

譬如，「我決定一天讀書三個鐘頭，但是，往往時間卻耗在看電視上了。我知道這樣不行……媽媽，八點過後如果我還在看電視，就告訴我『去讀書』吧。」

11 「怎麼不說話了呢？」

負七〇〇分

當孩子沉默不語時該對他說什麼話

當孩子陷入沉默時，父母往往會認為這是孩子的反抗，或不想聽對其不利的事而斥責他說：「怎麼不說話了呢！」

一位父親和女兒到遊樂園玩，踏上歸途時已經晚上九點多，不過，在公車中父女熱衷地討論要怎麼跟媽媽說遊樂園有多麼好玩。女兒腦海裡一定浮現媽媽一臉歡喜的表情，內心感到十分幸福。

下了公車從車站到家裡必須走十分左右。玩了一天的女兒顯得非常疲倦，在走路時沉默不語，父親覺得擔心，於是在快到家的時候對她說：

「現在已經很晚了，回家後要立刻睡覺喔。」

通常在這個時候，女兒都會坦率地回答說：「好。」然而她卻沒有任何回應。父親又說：

「女兒，聽到了嗎？回到家後要立刻睡覺喔。」

她分明聽到了父親的話卻沒有回答。當時父親誤以為她不願聽話而故意裝糊塗，於是有點生氣。本來想要怒吼說：「答話啊！」不過還是忍了下來而注視著女兒的眼睛說：

「妳在想什麼呢？」

結果女兒瞪著父親非常不服氣地回答說：

「剛才你不是說回家後要告訴媽媽說在遊樂園的事情嗎！」

是呀！父親竟然忘了「回家後要告訴媽媽」的約定，而要求她「趕快睡覺」。她一聽說是「趕快」而認為沒有空跟媽媽談話就要立刻去睡覺，因此覺得非常悲傷。同時，也不想信任不遵守約定的爸爸。

「是啊，我們是有這樣的約定喲。爸爸忘了。對不起。不過，現在已經太晚等一下只向媽媽說一點就要睡覺了喔。」

「嗯，五分鐘。」

「好，說五分鐘的話後就要睡覺了。」

一進了家門口，女兒就喘著氣趕快把今天快樂的事告訴媽媽（已經超

過五分鐘）然後自己上床睡覺。

當孩子在談話途中突然陷入沉默時，一定是有什麼心事。而且這件事一定是孩子無法釋懷的事情。

碰到這種狀況，ＣＰ（批判精神）較高的父母會怒喝地說：「為什麼不說話？聽到不喜歡聽的就不說話了嗎。說話啊！」

但是，這種態度並無法解決孩子的心事。因為，這些話只是想貫徹父母主張的言詞，而非傳達感情的言詞。

「你現在在想什麼呢？」

「現在你有何想法呢？」

「你好像有點不高興喔。要不要告訴我為什麼呢？」

這些才是接納孩子心情的語詞。同時，這也是促使親子之間坦白地交談目前感情的機會。

12 「不要多管閒事！」

負四〇〇分

在以大人的尺度做價值判斷之前請正視事實

您是否曾經向孩子說過這麼抽象的話呢？何謂多管閒事？其實，孩子所做的事母親自認為對她不利的，就是她們口中所說的「多管閒事」。

國中三年級的H似乎非常喜歡打掃房間、洗碗盤的工作，晚飯後一定幫忙整理。但是，每當段考接近時，母親反而擔心而變得焦躁不安。

「不要多管閒事，趕快去讀書！」

以H的感受而言「不要多管閒事」這句話才是多管閒事。要理解孩子最要緊的是，要傾聽孩子的心聲。

所謂「傾聽」是指不要摻雜自己的判斷，而一五一十地接納孩子的陳述，如此孩子必定會敞開心胸、坦白直言。同時，也會傾聽父母的話。

尤其是孩子在小學高年級到國中的時期，會萌生自己的世界觀，開始

有了自我。因此，非常討厭父母對他做任意的判斷。

父母應該將各人的判斷擺一邊，並訓練自己孩子的言行舉動做客觀的觀察。

譬如，孩子不太與朋友交往。這時，父母往往會認為「這孩子不喜歡與別人在一起、缺乏協調性。」

事實是「這孩子每天讀書三個鐘頭左右，沒有空到外頭玩」，至於與他人是否和得來，乃是另一個問題。

另外，假設孩子沒有去探望生病的祖母，有些父母也會判斷是「我的孩子缺乏體貼之心啊！」其實其中可能有其它的原因。

而有些父母也會以為自己的孩子太浪費，其實，這或許也是父母任意的判斷。因為，事實上是自己給孩子的零用錢太多了。

以為自己的孩子加入不良幫派，而實際上那是「我的孩子和有染髮的朋友交往」而已。

若能刻意地壓抑自己的主觀而在白紙上寫下事實，就能產生接納對方的心理準備。在這個時候，雙方才可能進行溝通。

孩子無法像大人般做語詞上的說明

親子或夫婦的親密關係多半是水乳般的感情交流。因為，幾乎一天二十四小時都可看見對方，所以，往往會以為即使不必溝通，也大致能了解對方的所做所為。

尤其是身為母親者，更因為孩子是她經過陣痛而出生、吃她的奶而長大的，而自認為對孩子的一舉一動瞭若指掌。但是，有一天突然聽見孩子抱怨說：「媽媽什麼都不知道！」時，彷彿晴天霹靂般感到狼狽不堪。

當孩子長大到青春期並發生重大問題時，再慌慌張張地向孩子建議說：「我們好好地溝通吧？」這對以往沒有這種習慣的家庭而言，根本不可能實現。因此，親子間交談的習慣必須從小培養，亦即養成親子彼此認同對方的習慣。

一位父親和三歲大的女兒走在山路上，女兒說：「爸爸，揹我。」父親立即判斷這是女兒的撒嬌而拒絕說：「不行，自己走。」結果女兒大聲地哭了起來。

不得已只好揹起她走了一段路，然後又讓他自己走，結果女兒又說：「爸爸，揹我。」

那時父親才覺得有點奇怪，低頭看一下女兒，原來女兒雙眼一直瞧著地面走，父親仔細一看才發現地面上全都是螞蟻。

「怕螞蟻嗎？」當父親這麼問她時，她哭喪著臉回答說：「嗯，是啊！」

孩子和大人不同，並不知道用語詞做說明（最近似乎在成人之中也有不擅長用語詞說明的人）。因此，只好、也只能用哭泣的反應做訴求。

仔細看、仔細聽必能發現孩子的理由。

前述指責自己的孩子「多管閒事」的母親，曾經抱怨說：「我的孩子常看電視，偶爾還會一個人待在房裡，本以為是在用功，進去一看才發現是在看漫畫雜誌。真令人擔心她到底什麼時候才會用功讀書……」

母親認為此子是個「沒有向上心的孩子」。但是，她其實是個具有積極心的孩子。只是她在學校參加籃球隊，拼命練習後回到家裡全身感到疲

憊而無法提起精神用功而已。如果她是她的母親所說的「沒有向上心的孩子」，應該不會全身投入籃球的練習吧。而且，她還幫忙打掃房間、收拾碗盤。

對這樣的女孩斥責說「不要多管閒事」的母親，何其殘忍地摘除她積極向上的心志。

被如此責備後有誰會心甘情願地坐在書桌前用功讀書呢？這時倒不如讓孩子幫忙洗碗盤。頂多只花一、二十分鐘，整理完畢後向她說一聲「謝謝妳幫了我不少忙。好好用功喔。」給她一些帶有成就的讚美。

13 「這是對父母說的話嗎？」

負五〇〇點

孩子絕對不會蔑視坦率認錯的父母

父母也是凡人，即使想要努力成為了不起的父母，有時也會說出矛盾的事，做出自以為是或充滿偏見的判斷，或有獨斷式的言談。同時，由於過度的擔心與好奇心，也可能介入孩子的隱私。這就是父母。

然而人就是這樣，但問題是在當孩子反駁父母所表現的矛盾時父母的反應。孩子會適切地責難父母的矛盾、隨便、狡猾或獨斷。這和父母責備孩子的矛盾、責備的程度是一樣的。

「媽媽為什麼每次都自以為是呢？」

「不要隨便打開人家的抽屜嘛！」

「媽媽每次都說對自己有利的事。」

「不要說我的朋友的壞話。」

「不是說要買衣服給我嗎？」

被孩子指責時，一般的父母都會防衛自己的立場，會拼命地守住身為父母的體面。他們認為父母絕對不可敗給孩子。其實，勝負的結果並不重要，重要的是親子間的信賴關係，然而父母卻和孩子計較起來。

「你總是愛講道理喔！」

「不要扯人家的話尾。」

「我說的還不都是為了妳啊！」

「孩子和大人不一樣啊！」

「你以為是誰把你養大的？」

到了最後會使出殺手鐧說：

「這是對父母說的話嗎？」

這句話會讓孩子無言以對。父母是利用命令以成為表面上的勝利者，然而說這句話時，父母已經落敗了。

因為，這是自己內心覺得孩子的主張較為有理，為了避免狼狽而逞強說出的一句話。

孩子聽到這句話之所以陷入沉默，並非認同父母的說詞，而是因為他已明白多說無益，同時也因此開始瞧不起父母。

說不定在他的內心裡已經輕視父母是「傻瓜」。

如果父母是真心渴望親子間維持良好的信賴關係，就應該坦率地承認自己的不是。必須承認自己在言詞上前後矛盾、傷害了孩子的人格與自尊或自己在處事上的疏忽等等。而且，若有必要，應不忌諱向孩子表示抱歉。

若能敞開心胸面對孩子，孩子絕不會輕視父母，反而會認為父母老實、值得信賴。而孩子也將從中學習到誠實、率直的重要性。

因為，孩子並不是學習父母所說的話，而是學習父母的行為。

14「又是你做的好事吧」

負六〇〇分

逼孩子說謊的一句話

身為母親者，往往會以個人的判斷或先入觀批評事物。

假設小雄曾經兩次踩著泥巴把地上弄得髒兮兮。結果以後，母親又看到沾滿污泥的門口時就叫著說：

「小雄，又是你喔！到底要告訴你多少次才會明白啊！我不是告訴你要在外面先把泥巴弄乾淨再進來嗎？怎麼講不聽呢？」

小雄啾著嘴反駁說：

「才不是我，是弟弟啦！」

「不可能吧！前兩次不都是你做的好事嗎？不要把責任推給弟弟，媽媽最討厭說謊的人，真是卑鄙的孩子。」

不論小雄怎麼為自己辯解，也無法獲得母親的信賴。小雄已無話可

說，但內心卻嘟噥著：「反正說了等於沒說。」

如果他真的不是犯錯者，事態就嚴重了。

「反正我就是壞孩子，媽媽根本不相信我說的話。」

被父母否定的小雄，自己對自己按下「壞孩子」的烙印，這是令人擔憂的事。

如果是個性好強的孩子，也許會下定決心：「媽媽誤會了，既然不是我做的事應該再向母親說清楚。」然而懦弱的孩子可能會因而失去勇氣。因為，沒有人會替小雄洗刷冤情。

另外，即使是小雄說謊，也不能只責備他。擅自下判斷所說的「又是你幹的好事吧！」這句話中，帶有令人忍不住要反駁說：「不是我！」的挑撥性。

「只要說明就可獲得理解」讓孩子有如此的安全感，他就不會說謊，而會老實地把自己的感情說出來。

會造成孩子說謊的癥結，其實是父母的態度。因此，若碰到孩子陷入沉默時要特別注意。因為，此時孩子的心裡已充斥著對父母的不信任感。

有這樣的例子。

許先生有一個將近三歲的女兒。事情是他們一家人在看電視時，他的女兒突然關掉開關，逕自走到洗手間。

一般人碰到這樣的情形會斥責說：「大家在看電視，為什麼隨便把開關關掉呢？這怎麼可以。」但是，許先生明白女兒這個行為的用意，而忍不住笑了起來。

因為，許先生每次在看錄影帶時，若有電話進來或是想上廁所時，都會先關掉開關再離開，當事情完畢後再將開關打開接著再看。

他三歲的女兒似乎就把這種作為謹記在心，而當自己要上廁所時，也有樣學樣地關掉開關。雖然當時他們是在看電視而不是錄影帶，然而三歲女兒並不知道其中的差別。要對一個這麼小年紀的孩子，說明電視和錄影帶的差別可是極為艱難，也許應該再等一段時間吧。

但是，聽完這番話後我痛切感到的是，如果父母不懂得這個女兒的心意而斥責說：

「幹什麼！大家都在看電視，怎麼可以隨便關掉電視！真要不得。」

結果會變成什麼樣呢？也許在那瞬間這個孩子會不明究理而嚎啕大哭吧！而且，對父母會漸漸產生不信感，最後對他人，甚至自己也產生了否定性的感情。孩子往往是不善言詞的，如果父母不用心去瞭解，孩子就太可憐了。

因此，碰到家門口沾滿泥巴時，每次都應該心平氣和地詢問「是誰做的啊？」等事實確認之後再決定處理對象。

15 「老師也這麼說喔」

負一五〇分

所謂「教育」並不是要孩子聽父母的話

人在沒有自信時往往會假藉第三者的權威，這是人慣常使用的手法。

「去問爸爸吧。爸爸一定說媽媽說的才對。」

「會被爸爸罵喔！」

「老闆會生氣喔！」

「會被警察抓去喔！」

「你看，坐在那邊的阿姨會生氣喔。」

最後那句話是邱女士在捷運上聽到的。

當時有一個孩子吵鬧不停，她一直想要叫那個孩子安靜一點。於是皺起眉頭來注視對方時，碰巧和他的媽媽四眼相對。

她雖然自嘲地苦笑說：「我竟然變成可怕的阿姨了。」不過，卻也覺

得假藉從未謀面的「可怕的阿姨」的力量來管教孩子，委實太過分了。而且，孩子可能會因此認為如果那個可怕阿姨不在場，就可以任意地胡鬧了吧。

另外，當孩子打破碗時。

「怎麼又這樣！真是愈幫愈忙。」

「媽媽您不是也曾打破過碗嗎？」

「那是碰巧不小心的，而你可不一樣。老師也說了喔，聽說你在學校也冒冒失失的。」

母親拼命地堅守自己的立場，因而甚至舉出毫不相干的事來做為防備。母親可能是認為如果不嚴守自己的權威，孩子就不聽話了。但是，母親卻沒有察覺到自己所犯下的嚴重錯誤。她們認為所謂的「教育」是要孩子聽從父母的話。

「老師，我的孩子一點也不聽父母的話。」

那麼，聽從父母的話就是好孩子嗎？AC特別高、事事表示順從的孩子，有朝一日可能會有令人驚訝的行為表現。因為，他們只是在父母跟前

佯裝順從罷了。過分順從父母的孩子，可能只是較早察覺只要佯裝聽從父母的話就可避免父母的囉唆，可以說是無法將自己的慾求表現在行動上的孩子，亦即缺乏積極性的孩子。

「老師也這麼說喔！」

從母親如此敷衍問題的時候開始，孩子已經發覺母親的狡猾了。他們察覺到母親碰到對自己不利時，會假藉第三者的力量來威壓對手。在這個瞬間，雖然結果是母親戰勝，在表面上維護了自己的立場，但是，孩子卻在內心蔑視父母而戰勝父母。因此，親子的信賴關係已經開始變淡了。

父母必須在自己的責任下斥責、叮嚀自己的孩子。所謂的斥責是向孩子傳達父母的信念，並非要保持父母的優越性，也不是為了戰勝孩子，而是要向孩子傳達自己的生活理念。

在這個時候，實在毫無必要假藉他人的權威。在自己的責任下確實地傳達自己的主張，這才是教育。想要迴避責任的父母，只會教育出沒有責任感的孩子。

16 「妳是姊姊應該讓弟弟」

負三〇〇分

父母不要當兄弟吵架的判官

最近，只生一個孩子的家庭愈來愈多。不過，家中若有兄弟姊妹，做父母的常常會因為孩子們間的爭執而傷透腦筋。如何讓最大的孩子，去接受除了父母以外，最接近自己的妹妹或弟弟呢？這是一個非常重要的問題。

「我家那兩個孩子經常吵架，真拿他們沒辦法。再怎麼叫他們和平相處也不聽。」

認為兄弟姊妹經常吵架是孩子本身問題的父母，必須反省自己何以調教出這樣的孩子。

林先生的小兒子出生時，大女兒正好五歲。

當時，林先生下定決心要平等對待他們。兒子一看到女兒的玩具就想

要，因為看起來挺有趣的樣子。當然，女兒有時候會把玩具給弟弟，有時卻執拗地不願意和弟弟一起玩。這時，兒子會嚎啕大哭，然後看著林先生或太太以尋求援助。

一般碰到這個時候母親會說：「小玲（女兒的名字），妳是姊姊要讓弟弟，拿給他玩吧。」

但是，林家卻不這麼說。因為，林先生認為孩子之間的爭吵，大人不應干涉。而且，也沒有道理要讓年長的姊姊讓步給年幼的弟弟。

林先生希望孩子從小就有「人從小就是平等，自己渴望的東西，必須以自己的力量去獲得」的意識。

當兒子死命的哭泣，帶著一雙淚眼面對林先生，發覺並無法獲得援助時，會轉而玩起其它的玩具。

不久，女兒也許是玩膩了剛才的玩具，而把玩具借給兒子玩。結果，兩個人玩得其樂融融。

如果，林先生站在兒子在這一邊命令女兒把玩具借給兒子玩，女兒大概不會主動地把玩具拿給弟弟玩吧。

因為，對女兒而言，弟弟並不是要關愛的對象，而是會奪走自己的玩具、令人討厭的對象。這樣的情形是令人恐懼的。

他們二人會為了如何取悅父母而勾心鬥角。因為，對他們而言，父母彷彿是判官。

在輔導學生時，也絕對不要對他們之間的爭吵予以裁定。

應該讓爭吵的雙方彼此溝通，直到彼此信服。讓他們從中找出解決之道並付諸實現。

而父母很容易介入孩子之間的爭吵，行使身為父母的絕大權力，成為判斷是非的法官。而結果似乎反而破壞了兄弟姊妹之間的感情。

17 「真拿你沒辦法，下不爲例喔」

負一〇〇分

爲什麼「下不爲例」卻還有後例呢？

即使說完了這句話，然而結果親子間仍然一直玩著「下不為例的遊戲」。

有些孩子在百貨公司的玩具販賣部，會大聲地嚷嚷哭泣著要這個要那個。玩具販賣部有那麼多的玩具，要了這一個又會想要另一個。但是，也有的孩子只是觀賞而不要求父母購買。

其實，大聲嚷嚷著要父母購買玩具的孩子，並沒有無論如何都想要的玩具。這從他這個也要，那個也喜歡的行動中就可獲得證明。

與其說孩子是想要玩具，毋寧說他是想要試探父母而佯裝哭泣。看到孩子哭鬧不停，父母往往委曲求全。但是，到百貨公司之前，父母已經和孩子約定：「今天不可要求買玩具。」因此，也不會輕易地違背約定。在

這種情況下，大多數的父母往往會附帶條件地說：「真拿你沒辦法，下不為例喔！」

但是，這也絕對不會成為「下不為例」的最後一次。雖然明白地說：「以後不可以喔！」但孩子通常會置若罔聞，他們心裡根本不會認為這是最後一次。

當又碰到類似的情形時，孩子會回想起以前的經驗而哭鬧不停。說不定在前次的經驗中嚐到甜頭的孩子，會比上一回更加劇烈地哭鬧。他們會蹲坐在地上一動也不動，甚至趴在地上耍賴，內心期待著母親因此感到羞恥而買東西給他。

因為，他們在最初的經驗裡已經學習到「只要哭鬧、抵抗就可獲得想要的東西」。因此，如果哭鬧的方法無法奏效時，他們更會認為那必定是哭鬧的程度太輕，不足以打動父母的心，亦即鬧得不夠凶，所以無法獲得想要的東西。

親子之間的「下不為例」而購買音響給他，上了高中也說「下不為例」而為他買機車，上了大學也是以一句「下不為例」為條件，替他租一

間單身公寓或大廈吧。即使成了社會人甚至結了婚後，父母雖然一再地告訴孩子「下不為例」，但這種孩子卻也仍然會死皮賴臉地要求給予金錢或物質上的支援。

當孩子養成了只要耍賴就有人達成自己願望的觀念時，一旦出了社會，絕不會主動處理事物。而且，在家庭裡也會變成只知迴避責任，渴望他人伸出援手的父母。

對於所約定或決定的事，父母不應妥協。父母應該明白妥協後的影響並不只是當時，還會影響到孩子的一生。

18 「不收拾乾淨就不買玩具給你」

負一〇〇分

威脅孩子使孩子順從並非解決之道

父母對孩子有絕對性的權力，孩子明白即使再怎麼吵鬧、哭叫，自己一個人也辦不了什麼事。自己必須仰賴父母為生。但是，父母若以身為父母的權威為後盾，在教育上行使威脅的手段就太卑鄙了。

「只會亂花錢，以後不給零用錢了。」

「這麼不懂禮貌的孩子，以後不替你洗衣服了。」

「什麼都不給你！」

這些威脅話很明顯地，是打擊孩子的弱點。由於孩子身無分文，如果父母不買玩具給他，就沒有玩具可玩。如果父母不給零用錢，孩子就完全沒有收入。父母不替孩子洗衣服，孩子就沒有乾淨的衣服穿。在這種情況下，孩子只好順從父母的話。

但是，如此一來孩子收拾散落滿地的玩具，並非為了家庭整潔著想，不敢將衣服隨便亂扔，並不是害怕家裡變得亂七八糟；歸根究底這些都只是因為受到父母的威脅而表現順從罷了。

威脅的言詞並非根本解決之策。而且，慢慢地孩子會發覺這些語詞純屬威脅罷了。

「若不整理乾淨就不買玩具給你。」

父母口頭上雖然這麼說，但是隨地亂扔的玩具總有一天會收拾乾淨。而且，父母還會買新的玩具給自己玩。

游先生的女兒兩歲半時，有一次玩昏了頭，將玩具散落一屋子而無法收拾，結果她變得無意收拾。

當時游太太告訴她說：「要吃飯了，要收拾乾淨喔！」女兒卻充耳不聞故裝糊塗。後來被反覆地要求「要收拾乾淨」時，她竟然大發脾氣地說：「不要，不要收拾！」

當時，游先生忍不住說：「不收拾就算了，我要把這些玩具全部丟掉。」很明顯地這是一句威脅話。

然而女兒卻說：「丟掉也好。」擺出一副完全豁出去的樣子。

晚飯後等女兒上床睡覺，游先生把散落滿地的玩具全部丟掉。其中有游先生剛買回來的積木，看在眼裡的確很可惜。不過，只要是散落在地上的玩具游先生都毅然地全部丟棄。

游先生是想教導女兒，爸爸說的並不是威脅話，自己掉落滿地的東西自己要負責收拾乾淨。隔天早上女兒發現玩具不見了。

「玩具呢？」

「全部丟掉了。」

父女之間只有這兩句對話。女兒既沒有哭泣也沒有埋怨爸爸。但是，游先生卻清楚地發覺從那天開始，女兒在自己的行動上已經有所約束。

和孩子對立時，有時應該讓步，有時卻絕對不可讓步。請記住「對自己的行為負責」是絕對不可讓步之一。

四 改變說詞即可達到不同的效果

——為何只要一點改變就能左右孩子的自發性呢？

不在說詞上用心是第一個錯誤

同樣看見一件事物，若以語言做表示時會出現極大的差異。最常使用的例子是，看見杯子裡有半杯水時，有的人會說「只剩下半杯」；而有的人會說「還有半杯」。任何事物都是同樣的道理。

我們在說話時，比較會注意所說的內容而不太注意該怎麼說。而且一般人對於自己的家人或親密的朋友，往往以為只要把內容傳達清楚就行了。然而，這卻是造成錯誤的第一步。

19 「要說幾次才懂啊！」→「那裡不懂呢？」

負六五〇分

如何開導一再犯錯的孩子

三十多年前的一件事，一直鮮明地烙印在楊先生腦海裡。

楊先生讀小學三年級時，導師是位四十多歲的女性。上國語課時，楊先生總是將「親密」的「密」字寫成「蜜」，而被老師責備。因為，楊先生一直認為「蜜」有甜蜜、甘美的意思。雖然老師在楊先生的簿子上打了一個大×，楊先生卻不知道是什麼地方不對。

老師親切地以全班同學都聽得到的聲音，告訴楊先生說：「是這個『密』喔。」而楊先生因為覺得羞愧而臉紅耳臊，根本聽不進老師所教導的內容，甚至也不敢說「我不懂」。但是，稍後楊先生卻必須修正錯字並再給老師檢查。

楊先生改了三次，因為楊先生不知道是哪個地方不對，所以，也不知

道如何改起，每次都只是隨意地更改便送去給老師檢查。所以，根本沒有自信自己已經寫正確了。

楊先生內心擔心著，這次一定又會被老師說什麼吧。老師看見楊先生改了三次後的字時，老師的聲音突然響徹整個教室。

「要說幾次才懂啊！根本不仔細聽老師的說明！你把老師當成什麼了！」

經過三十年後的現在，當時背脊彷彿有一道冷水穿過的霎那，至今仍然記憶深刻。那時，霎那間的羞愧、可憐、懊悔、自己是傻瓜等否定的情緒包圍住楊先生。

也許那是老師想要令楊先生茅塞頓開的一句話。但是，這句話卻深深地刺傷了楊先生的心。老師的熱忱並沒有感染到楊先生。而且，到最後楊先生還不知道錯在那裡。

孩子之所以會反覆同樣的失敗，是因為他不清楚何以失敗的原因。只知一再地責備是無法使孩子變聰明的。而且，孩子甚至不敢說出不懂的地方而變得委縮。

即使AC高的孩子也頂多說：「我知道了！」

在教導孩子時，每到一個段落就要詢問孩子：「知道了嗎？」同時必須審視孩子的表情。因為，孩子的答案必定會浮現在表情上。什麼地方不懂？找出孩子觸礁的部分，應該是老師第一個職責？面對反覆失敗的孩子，身為教養者應該要站在他的立場反覆地替他們思考。

「是不是有什麼地方不懂？」

「我再說明一次，仔細聽喔！」

跌倒後要再站起來，在孩子跌跌撞撞的成長歷程中拉他們一把吧！援助孩子以自己的力量解決問題，乃是身為父母的職責。

20「爲什麼做這種事？」→「怎麼了啦？」

負五〇〇分

疑問型的責備話

標語上的這句話若寫在紙上，彷彿是疑問句。

「為什麼遲到呢？」

「睡過頭而沒有搭上平常搭的那班公車。」

如果是基於冷靜判斷的A所提出的疑問，就會產生這樣的對話。但是，當母親口裡帶有「為什麼……」的字句時，往往並非詢問的意思，而是由CP所產生的帶有威壓性的責備話。

換言之，又是一句要強詞奪理的話。

如果以為母親的話是出自母親的A，而孩子也從A給予回答時，情況會如何呢？「根據引力的法則，碗的傾斜是……」若如此回答，母親一定大發雷霆。孩子從感覺上已經明白這並不是從母親的A所發出的一句話。

所以，孩子也無法以A做回答。

「為什麼把湯弄倒？」

面對因弄翻湯汁而正覺得焦急的孩子，突如其來的丟出這句話，不是太殘酷了嗎？孩子並無意要把湯弄倒。當然不是故意把湯弄倒讓母親為難，而只是一時的疏忽。當事者正感到不知如何是好而不安，因此，即使被問「為什麼？」也不知何以做答。

但是，看見來勢洶洶的母親，孩子被迫必須有所回應。因此，會使用A的語詞而在A的心態下做答。

「是弟弟碰了我的手。」

而把罪過推到弟弟的頭上。

「弟弟怎麼會碰你呢，還說謊！」

要求孩子在無法做答的事情上提出理由，孩子不得不編出一番道理為自己辯解。如果沒有恰當的理由，就只好說謊。

語言只是毫釐之差，就會造成重大的結果。「為什麼」和「怎麼了」似乎一樣，卻大不相同。「為什麼」這是要求提出理由、原因的語句。聽

到這種語詞，人會自動地在腦中做分析並提出所想到的答案。

面對夜晚遲歸的丈夫，詢問他說：「為什麼今天又這麼晚呢？」丈夫即使想要說出實情，也會改口說謊以求妻子的信服。

「被上司硬邀去喝一杯啊！」

然而如果妻子根據各種狀況，而識破丈夫的謊言，則內心對丈夫的不信感將更形擴大。

相反地，若詢問丈夫說：「辛苦了，臉色不太好喔。怎麼了？」丈夫也許不假思索坦白地說明事實。

同樣地，孩子弄翻湯汁或牛奶時，應該讓他自己察覺那是不對的事。

「怎麼了？」

「喔，我正好在看別的地方……」

「喝得太快了……」

如此，即使不必父母的教導，孩子自己也會察覺到自己疏忽的地方。

21 「不要把字寫得亂七八糟！」↓「要用心寫喔」

負一五〇點

不要用否定句叮嚀孩子

標題的這句話有什麼地方不對呢？也許大家覺得並沒有什麼地方不妥吧。那麼，請各位比較下列A和B的表現法。

A 放輕鬆地說話

B 不要慌慌張張地說話

A 拿出勇氣去做吧

B 不要覺得害怕

A 小心地寫字吧

B 不要把字寫得亂七八糟

A的表現全都是肯定性、B的表現全都是否定性的說法。雖然所說的意思一樣，但是，聽者卻會有完全不一樣的感受。

「不要慌張地說話」是指「你每次都慌慌張張，說話時不要有這樣的態度」、「不要覺得害怕」是指「你每次都害怕，所以不要有這個念頭」、「不要把字寫得亂七八糟」是指「你每次都把字寫得亂七八糟，現在要小心的寫」。

我們來探討一下，為何B的否定型表現並不太好。首先，請各位實際地根據指示來做。

「請不要在腦中想像一輛鳴著警鈴，在馬路上奔馳的紅色消防車。」

那麼，你的腦中會呈現什麼樣的景象呢？我曾在母親研習會中提出這個問題，結果所有那次與會的人都在腦海裡想像一輛消防車。雖然我指示她們不要想像，但在她們的腦海中卻仍然會擅自想像。同樣地各位的腦海中應該不會有「不要想像」的部分，而只有發出警鈴在馬路上奔馳的消防車的印象吧。

做否定性的表現時，人的腦海裡會出現和這個類似的想像。當聽到「不要慌張地說話」時，「說話」已經消失，而只留下「慌張」的部分。若說「不要害怕」時，只留下「害怕」的部分。而「不要把字寫得亂七八

糟」這句話則只會留下「亂七八糟的字」的印象。

因此，「說話不要慌張」這句話等於是向孩子暗示「你是個慌張的孩子，慌張的孩子，你看，你又在慌張了」。

必須在眾人面前說話時，愈下定決心「說話時不要慌張」反而愈容易臉頰紅脹、變得緊張。其實不要做否定性的想法，只要想著：「我要把好消息告訴大家。」

會暈車的人決定「今天絕對不暈車」而吃暈車藥，並選擇較不搖晃的座席，打開窗戶等做好萬全的預防。結果仍然暈車了。

如果，有特別的目的，譬如要會見某個重要的人時，注意力會集中在與他人會面的事上，而忘了自己會暈車的事。

凡事都以肯定性、正面的想法去掌握，你一定看過各式各樣的兒童，對於同樣一件事，有些孩子會採取肯定的態度，而有些孩子則只會做否定的解釋。小時候父母教育孩子時，在言詞表現上的微妙差異，應該也是造成孩子對同一件事有不同感受的原因之一吧。

22「吃飯了！」→「飯好了喔」

負一〇〇分

不使用命令型，而只傳達事實的方法

身為父母者往往以上位者的立場CP向孩子下達命令。也許父母以為只要下達命令，就可把當場安頓妥當，並覺得只要這樣自己就算是完成了職務。但是，以長期的眼光而言，也許終其一生都必須一直以命令的態度面對孩子，在體力的消耗上可是一大負擔。

過分繁多的命令會剝奪孩子的氣力，這時才發慌「我家的孩子老是一副沒精打采的樣子」也無可救藥了。請觀察下面A與B在遣詞用語上的微妙差異。

A　飯好了喔

B　吃飯了

A　七點了喔

B　七點了，快起床

A　如果要洗臉可使用開水

B　用開水洗臉

A　氣象報告說今天會下雨喔

B　今天會下雨，帶傘去吧

A　聽不太清楚

B　請大聲一點說話

A的表現是以A（成人）的自我狀態傳達事實而已。B的表現則是根據父母的CP向孩子做的指示。兩者的差別雖然微小，然而卻對孩子的積極性（自發性）有極大的影響。

聽到以A的表現所傳達的事實，孩子會自己決定自己的行動。吃不吃飯、七點起不起床、用不用開水洗臉、帶不帶傘去完全由自己決定。

即使孩子不吃飯、不七點起床、不洗臉、不帶傘去，也是孩子在自我的責任下自己做決定。對自己的決定自己負責，這就是積極性（自發性）的根本。

若是來自父母以B的表現的命令，孩子一開始就被剝奪自己做決定的權利。因為，父母之所以說「吃飯了」是因為他們認為如果不命令，也許孩子就不吃。「時間到了，起床吧」這句話裡頭具有若不指示，孩子就不起床的意識。至少孩子在直覺上會如此認定而真的變成「不起床的孩子」。

當覺得「肚子餓了，想吃飯」時，卻被命令說：「吃飯了」反而會不想吃飯。

早上起床，覺得今天好像會下雨，卻被命令說：「會下雨，帶傘去吧！」可能因此而鬧彆扭說「不需要」而逕自外出。

如果孩子有這些反應，是表示多少有了自發性的證據，但是，從小開始即在命令中長大的孩子，會放棄自己做決定，而靜靜地等候父母下命令。有不少父母會教導孩子要「自己的事自己做」，不過，最重要的是，在此之前應讓孩子「自己做決定」。

教育孩子對自己的行動負責的方法

人在無意識中明白與其自己燃起鬥志處理事物，不如依外在的命令行動，在心理上較為輕鬆。

因為，依命令行事在自己心理就不會產生糾葛。不必要向自己追究責任。

這樣的方式可減少冒險。

自己做決定，在自己的責任下處理事情，而達到目標時的喜悅是無可言喻的。不過，從未有過這種經驗的孩子，一開始會選擇冒險性較少的事情。

與這樣的孩子相較起來，被父母命令說：「去讀書！」而會噘著嘴的孩子或許更有可為，因為他們並不是不想讀書，而是討厭母親的這句話，使他的自發性受到否定。

正如媳婦看見天氣晴朗，打算趁這個時候曬棉被時，卻被婆婆命令說：「天晴了，偶爾也把棉被拿出來曬曬吧！」本來的心情會因這句話而

感到掃興。孩子也是一樣。

譬如，孩子問說：「今天穿什麼比較好呢？」媽媽若是回答：「自己挑選吧！」這並無所謂。但是，如果孩子身上所穿的衣服和母親所想的不同時，在那瞬間會無法接受孩子的選擇。

「怎麼穿這樣啊！真奇怪。今天天氣會好熱喔！」

不過，這樣的程度還可以允許。因為，母親只是根據FC坦率地表達自己的感受罷了。但是，母親多半會添加下面的字句。

「怎麼穿這樣啊！真奇怪。換別的衣服穿。你不是有一件小水點的衣服嗎？」

如果是這句話則前面的「自己挑選看看」就變成謊言，而且會讓孩子失去自己做選擇的自信。他們會認為「我還是無法自己做選擇，如果沒有媽媽幫忙就無法挑選搭調的衣服」，而放棄自我的選擇決定權。

自我的存在和能力若無法獲得他人的肯定，孩子是無法自己認同自己的。

大展出版社有限公司
品冠文化出版社

地址：台北市北投區(石牌)
致遠一路二段 12 巷 1 號
郵撥：01669551＜大展＞
19346241＜品冠＞
電話：(02) 28236031
28236033
28233123
傳真：(02) 28272069

圖書目錄

·少年偵探·品冠編號 66

1.	怪盜二十面相	（精）	江戶川亂步著	特價 189 元
2.	少年偵探團	（精）	江戶川亂步著	特價 189 元
3.	妖怪博士	（精）	江戶川亂步著	特價 189 元
4.	大金塊	（精）	江戶川亂步著	特價 230 元
5.	青銅魔人	（精）	江戶川亂步著	特價 230 元
6.	地底魔術王	（精）	江戶川亂步著	特價 230 元
7.	透明怪人	（精）	江戶川亂步著	特價 230 元
8.	怪人四十面相	（精）	江戶川亂步著	特價 230 元
9.	宇宙怪人	（精）	江戶川亂步著	特價 230 元
10.	恐怖的鐵塔王國	（精）	江戶川亂步著	特價 230 元
11.	灰色巨人	（精）	江戶川亂步著	特價 230 元
12.	海底魔術師	（精）	江戶川亂步著	特價 230 元
13.	黃金豹	（精）	江戶川亂步著	特價 230 元
14.	魔法博士	（精）	江戶川亂步著	特價 230 元
15.	馬戲怪人	（精）	江戶川亂步著	特價 230 元
16.	魔人銅鑼	（精）	江戶川亂步著	特價 230 元
17.	魔法人偶	（精）	江戶川亂步著	特價 230 元
18.	奇面城的秘密	（精）	江戶川亂步著	特價 230 元
19.	夜光人	（精）	江戶川亂步著	特價 230 元
20.	塔上的魔術師	（精）	江戶川亂步著	特價 230 元
21.	鐵人Q	（精）	江戶川亂步著	特價 230 元
22.	假面恐怖王	（精）	江戶川亂步著	特價 230 元
23.	電人M	（精）	江戶川亂步著	特價 230 元
24.	二十面相的詛咒	（精）	江戶川亂步著	特價 230 元
25.	飛天二十面相	（精）	江戶川亂步著	特價 230 元
26.	黃金怪獸	（精）	江戶川亂步著	特價 230 元

·生活廣場·品冠編號 61

1.	366 天誕生星	李芳黛譯	280 元
2.	366 天誕生花與誕生石	李芳黛譯	280 元
3.	科學命相	淺野八郎著	220 元

1.	脂肪肝四季飲食	蕭守貴著	200 元
2.	高血壓四季飲食	秦玖剛著	200 元
3.	慢性腎炎四季飲食	魏從強著	200 元
4.	高脂血症四季飲食	薛輝著	200 元
5.	慢性胃炎四季飲食	馬秉祥著	200 元
6.	糖尿病四季飲食	王耀獻著	200 元
7.	癌症四季飲食	李忠著	200 元

・彩色圖解保健・品冠編號 64

1.	瘦身	主婦之友社	300 元
2.	腰痛	主婦之友社	300 元
3.	肩膀痠痛	主婦之友社	300 元
4.	腰、膝、腳的疼痛	主婦之友社	300 元
5.	壓力、精神疲勞	主婦之友社	300 元
6.	眼睛疲勞、視力減退	主婦之友社	300 元

・心 想 事 成・品冠編號 65

1.	魔法愛情點心	結城莫拉著	120 元
2.	可愛手工飾品	結城莫拉著	120 元
3.	可愛打扮 & 髮型	結城莫拉著	120 元
4.	撲克牌算命	結城莫拉著	120 元

・熱 門 新 知・品冠編號 67

1.	圖解基因與 DNA	（精）	中原英臣 主編	230 元
2.	圖解人體的神奇	（精）	米山公啟 主編	230 元
3.	圖解腦與心的構造	（精）	永田和哉 主編	230 元
4.	圖解科學的神奇	（精）	鳥海光弘 主編	230 元
5.	圖解數學的神奇	（精）	柳 谷 晃 著	250 元
6.	圖解基因操作	（精）	海老原充 主編	230 元
7.	圖解後基因組	（精）	才園哲人 著	

・法律專欄連載・大展編號 58

台大法學院 法律學系／策劃
法律服務社／編著

1.	別讓您的權利睡著了(1)	200 元
2.	別讓您的權利睡著了(2)	200 元

・武 術 特 輯・大展編號 10

1.	陳式太極拳入門	馮志強編著	180 元

2.	武式太極拳	郝少如編著	200 元
3.	練功十八法入門	蕭京凌編著	120 元
4.	教門長拳	蕭京凌編著	150 元
5.	跆拳道	蕭京凌編譯	180 元
6.	正傳合氣道	程曉鈴譯	200 元
7.	圖解雙節棍	陳銘遠著	150 元
8.	格鬥空手道	鄭旭旭編著	200 元
9.	實用跆拳道	陳國榮編著	200 元
10.	武術初學指南	李文英、解守德編著	250 元
11.	泰國拳	陳國榮著	180 元
12.	中國式摔跤	黃　斌編著	180 元
13.	太極劍入門	李德印編著	180 元
14.	太極拳運動	運動司編	250 元
15.	太極拳譜	清・王宗岳等著	280 元
16.	散手初學	冷　峰編著	200 元
17.	南拳	朱瑞琪編著	180 元
18.	吳式太極劍	王培生著	200 元
19.	太極拳健身與技擊	王培生著	250 元
20.	秘傳武當八卦掌	狄兆龍著	250 元
21.	太極拳論譚	沈　壽著	250 元
22.	陳式太極拳技擊法	馬　虹著	250 元
23.	三十四式 / 三十二式太極拳 / 劍	闞桂香著	180 元
24.	楊式秘傳 129 式太極長拳	張楚全著	280 元
25.	楊式太極拳架詳解	林炳堯著	280 元
26.	華佗五禽劍	劉時榮著	180 元
27.	太極拳基礎講座：基本功與簡化 24 式	李德印著	250 元
28.	武式太極拳精華	薛乃印著	200 元
29.	陳式太極拳拳理闡微	馬　虹著	350 元
30.	陳式太極拳體用全書	馬　虹著	400 元
31.	張三豐太極拳	陳占奎著	200 元
32.	中國太極推手	張　山主編	300 元
33.	48 式太極拳入門	門惠豐編著	220 元
34.	太極拳奇人奇功	嚴翰秀編著	250 元
35.	心意門秘籍	李新民編著	220 元
36.	三才門乾坤戊己功	王培生編著	220 元
37.	武式太極劍精華 +VCD	薛乃印編著	350 元
38.	楊式太極拳	傅鐘文演述	200 元
39.	陳式太極拳、劍 36 式	闞桂香編著	250 元
40.	正宗武式太極拳	薛乃印著	220 元
41.	杜元化＜太極拳正宗＞考析	王海洲等著	300 元
42.	＜珍貴版＞陳式太極拳	沈家楨著	280 元
43.	24 式太極拳＋VCD	中國國家體育總局著	350 元
44.	太極推手絕技	安在峰編著	250 元
45.	孫祿堂武學錄	孫祿堂著	300 元

46. <珍貴本>陳式太極拳精選　馮志強著　280元
47. 武當趙保太極拳小架　鄭悟清傳授　250元
48. 太極拳習練知識問答　邱丕相主編　220元
49. 八法拳 八法槍　武世俊著　220元

・彩色圖解太極武術・大展編號 102

1. 太極功夫扇　李德印編著　220元
2. 武當太極劍　李德印編著　220元
3. 楊式太極劍　李德印編著　220元
4. 楊式太極刀　王志遠著　220元

・名師出高徒・大展編號 111

1. 武術基本功與基本動作　劉玉萍編著　200元
2. 長拳入門與精進　吳彬 等著　220元
3. 劍術刀術入門與精進　楊柏龍等著　220元
4. 棍術、槍術入門與精進　邱丕相編著　220元
5. 南拳入門與精進　朱瑞琪編著　220元
6. 散手入門與精進　張 山等著　220元
7. 太極拳入門與精進　李德印編著　280元
8. 太極推手入門與精進　田金龍編著　220元

・實用武術技擊・大展編號 112

1. 實用自衛拳法　溫佐惠 著　250元
2. 搏擊術精選　陳清山等著　220元
3. 秘傳防身絕技　程崑彬 著　230元
4. 振藩截拳道入門　陳琦平 著　220元
5. 實用擒拿法　韓建中 著　220元
6. 擒拿反擒拿 88 法　韓建中 著　250元
7. 武當秘門技擊術入門篇　高 翔 著　250元
8. 武當秘門技擊術絕技篇　高 翔 著　250元

・中國武術規定套路・大展編號 113

1. 螳螂拳　中國武術系列　300元
2. 劈掛拳　規定套路編寫組　300元
3. 八極拳　國家體育總局　250元

・中華傳統武術・大展編號 114

1. 中華古今兵械圖考　裴錫榮 主編　280元
2. 武當劍　陳湘陵 編著　200元

3.	梁派八卦掌（老八掌）	李子鳴 遺著	220 元
4.	少林 72 藝與武當 36 功	裴錫榮 主編	230 元
5.	三十六把擒拿	佐藤金兵衛 主編	200 元
6.	武當太極拳與盤手 20 法	裴錫榮 主編	220 元

・少林功夫・大展編號 115

1.	少林打擂秘訣	德虔、素法 編著	300 元
2.	少林三大名拳 炮拳、大洪拳、六合拳	門惠豐 等著	200 元
3.	少林三絕 氣功、點穴、擒拿	德虔 編著	300 元
4.	少林怪兵器秘傳	素法 等著	250 元
5.	少林護身暗器秘傳	素法 等著	220 元
6.	少林金剛硬氣功	楊維 編著	250 元
7.	少林棍法大全	德虔、素法 編著	

・原地太極拳系列・大展編號 11

1.	原地綜合太極拳 24 式	胡啟賢創編	220 元
2.	原地活步太極拳 42 式	胡啟賢創編	200 元
3.	原地簡化太極拳 24 式	胡啟賢創編	200 元
4.	原地太極拳 12 式	胡啟賢創編	200 元
5.	原地青少年太極拳 22 式	胡啟賢創編	200 元

・道學文化・大展編號 12

1.	道在養生：道教長壽術	郝勤 等著	250 元
2.	龍虎丹道：道教內丹術	郝勤 著	300 元
3.	天上人間：道教神仙譜系	黃德海著	250 元
4.	步罡踏斗：道教祭禮儀典	張澤洪著	250 元
5.	道醫窺秘：道教醫學康復術	王慶餘等著	250 元
6.	勸善成仙：道教生命倫理	李 剛著	250 元
7.	洞天福地：道教宮觀勝境	沙銘壽著	250 元
8.	青詞碧簫：道教文學藝術	楊光文等著	250 元
9.	沈博絕麗：道教格言精粹	朱耕發等著	250 元

・易學智慧・大展編號 122

1.	易學與管理	余敦康主編	250 元
2.	易學與養生	劉長林等著	300 元
3.	易學與美學	劉綱紀等著	300 元
4.	易學與科技	董光壁著	280 元
5.	易學與建築	韓增祿著	280 元
6.	易學源流	鄭萬耕著	280 元
7.	易學的思維	傅雲龍等著	250 元

8.	周易與易圖	李　申著	250 元
9.	中國佛教與周易	王仲堯著	元

・神　算　大　師・大展編號 123

1.	劉伯溫神算兵法	應　涵編著	280 元
2.	姜太公神算兵法	應　涵編著	280 元
3.	鬼谷子神算兵法	應　涵編著	280 元
4.	諸葛亮神算兵法	應　涵編著	280 元

・秘傳占卜系列・大展編號 14

1.	手相術	淺野八郎著	180 元
2.	人相術	淺野八郎著	180 元
3.	西洋占星術	淺野八郎著	180 元
4.	中國神奇占卜	淺野八郎著	150 元
5.	夢判斷	淺野八郎著	150 元
6.	前世、來世占卜	淺野八郎著	150 元
7.	法國式血型學	淺野八郎著	150 元
8.	靈感、符咒學	淺野八郎著	150 元
9.	紙牌占卜術	淺野八郎著	150 元
10.	ESP 超能力占卜	淺野八郎著	150 元
11.	猶太數的秘術	淺野八郎著	150 元
12.	新心理測驗	淺野八郎著	160 元
13.	塔羅牌預言秘法	淺野八郎著	200 元

・趣味心理講座・大展編號 15

1.	性格測驗（1）探索男與女	淺野八郎著	140 元
2.	性格測驗（2）透視人心奧秘	淺野八郎著	140 元
3.	性格測驗（3）發現陌生的自己	淺野八郎著	140 元
4.	性格測驗（4）發現你的真面目	淺野八郎著	140 元
5.	性格測驗（5）讓你們吃驚	淺野八郎著	140 元
6.	性格測驗（6）洞穿心理盲點	淺野八郎著	140 元
7.	性格測驗（7）探索對方心理	淺野八郎著	140 元
8.	性格測驗（8）由吃認識自己	淺野八郎著	160 元
9.	性格測驗（9）戀愛知多少	淺野八郎著	160 元
10.	性格測驗（10）由裝扮瞭解人心	淺野八郎著	160 元
11.	性格測驗（11）敲開內心玄機	淺野八郎著	140 元
12.	性格測驗（12）透視你的未來	淺野八郎著	160 元
13.	血型與你的一生	淺野八郎著	160 元
14.	趣味推理遊戲	淺野八郎著	160 元
15.	行為語言解析	淺野八郎著	160 元

・婦幼天地・大展編號 16

1.	八萬人減肥成果	黃靜香譯	180 元
2.	三分鐘減肥體操	楊鴻儒譯	150 元
3.	窈窕淑女美髮秘訣	柯素娥譯	130 元
4.	使妳更迷人	成 玉譯	130 元
5.	女性的更年期	官舒妍編譯	160 元
6.	胎內育兒法	李玉瓊編譯	150 元
7.	早產兒袋鼠式護理	唐岱蘭譯	200 元
8.	初次懷孕與生產	婦幼天地編譯組	180 元
9.	初次育兒 12 個月	婦幼天地編譯組	180 元
10.	斷乳食與幼兒食	婦幼天地編譯組	180 元
11.	培養幼兒能力與性向	婦幼天地編譯組	180 元
12.	培養幼兒創造力的玩具與遊戲	婦幼天地編譯組	180 元
13.	幼兒的症狀與疾病	婦幼天地編譯組	180 元
14.	腿部苗條健美法	婦幼天地編譯組	180 元
15.	女性腰痛別忽視	婦幼天地編譯組	150 元
16.	舒展身心體操術	李玉瓊編譯	130 元
17.	三分鐘臉部體操	趙薇妮著	160 元
18.	生動的笑容表情術	趙薇妮著	160 元
19.	心曠神怡減肥法	川津祐介著	130 元
20.	內衣使妳更美麗	陳玄茹譯	130 元
21.	瑜伽美姿美容	黃靜香編著	180 元
22.	高雅女性裝扮學	陳珮玲譯	180 元
23.	蠶糞肌膚美顏法	梨秀子著	160 元
24.	認識妳的身體	李玉瓊譯	160 元
25.	產後恢復苗條體態	居理安・芙萊喬著	200 元
26.	正確護髮美容法	山崎伊久江著	180 元
27.	安琪拉美姿養生學	安琪拉蘭斯博瑞著	180 元
28.	女體性醫學剖析	增田豐著	220 元
29.	懷孕與生產剖析	岡部綾子著	180 元
30.	斷奶後的健康育兒	東城百合子著	220 元
31.	引出孩子幹勁的責罵藝術	多湖輝著	170 元
32.	培養孩子獨立的藝術	多湖輝著	170 元
33.	子宮肌瘤與卵巢囊腫	陳秀琳編著	180 元
34.	下半身減肥法	納他夏・史達賓著	180 元
35.	女性自然美容法	吳雅菁編著	180 元
36.	再也不發胖	池園悅太郎著	170 元
37.	生男生女控制術	中垣勝裕著	220 元
38.	使妳的肌膚更亮麗	楊 皓編著	170 元
39.	臉部輪廓變美	芝崎義夫著	180 元
40.	斑點、皺紋自己治療	高須克彌著	180 元
41.	面皰自己治療	伊藤雄康著	180 元

42. 隨心所欲瘦身冥想法　原久子著　180 元
43. 胎兒革命　鈴木丈織著　180 元
44. NS 磁氣平衡法塑造窈窕奇蹟　古屋和江著　180 元
45. 享瘦從腳開始　山田陽子著　180 元
46. 小改變瘦 4 公斤　宮本裕子著　180 元
47. 軟管減肥瘦身　高橋輝男著　180 元
48. 海藻精神秘美容法　劉名揚編著　180 元
49. 肌膚保養與脫毛　鈴木真理著　180 元
50. 10 天減肥 3 公斤　彤雲編輯組　180 元
51. 穿出自己的品味　西村玲子著　280 元
52. 小孩髮型設計　李芳黛譯　250 元

・青 春 天 地・大展編號 17

1. A 血型與星座　柯素娥編譯　160 元
2. B 血型與星座　柯素娥編譯　160 元
3. O 血型與星座　柯素娥編譯　160 元
4. AB 血型與星座　柯素娥編譯　120 元
5. 青春期性教室　呂貴嵐編譯　130 元
7. 難解數學破題　宋釗宜編譯　130 元
9. 小論文寫作秘訣　林顯茂編譯　120 元
11. 中學生野外遊戲　熊谷康編著　120 元
12. 恐怖極短篇　柯素娥編譯　130 元
13. 恐怖夜話　小毛驢編譯　130 元
14. 恐怖幽默短篇　小毛驢編譯　120 元
15. 黑色幽默短篇　小毛驢編譯　120 元
16. 靈異怪談　小毛驢編譯　130 元
17. 錯覺遊戲　小毛驢編著　130 元
18. 整人遊戲　小毛驢編著　150 元
19. 有趣的超常識　柯素娥編譯　130 元
20. 哦！原來如此　林慶旺編譯　130 元
21. 趣味競賽 100 種　劉名揚編譯　120 元
22. 數學謎題入門　宋釗宜編譯　150 元
23. 數學謎題解析　宋釗宜編譯　150 元
24. 透視男女心理　林慶旺編譯　120 元
25. 少女情懷的自白　李桂蘭編譯　120 元
26. 由兄弟姊妹看命運　李玉瓊編譯　130 元
27. 趣味的科學魔術　林慶旺編譯　150 元
28. 趣味的心理實驗室　李燕玲編譯　150 元
29. 愛與性心理測驗　小毛驢編譯　130 元
30. 刑案推理解謎　小毛驢編譯　180 元
31. 偵探常識推理　小毛驢編譯　180 元
32. 偵探常識解謎　小毛驢編譯　130 元
33. 偵探推理遊戲　小毛驢編譯　180 元

34. 趣味的超魔術	廖玉山編著	150 元
35. 趣味的珍奇發明	柯素娥編著	150 元
36. 登山用具與技巧	陳瑞菊編著	150 元
37. 性的漫談	蘇燕謀編著	180 元
38. 無的漫談	蘇燕謀編著	180 元
39. 黑色漫談	蘇燕謀編著	180 元
40. 白色漫談	蘇燕謀編著	180 元

・健 康 天 地・大展編號 18

1. 壓力的預防與治療	柯素娥編譯	130 元
2. 超科學氣的魔力	柯素娥編譯	130 元
3. 尿療法治病的神奇	中尾良一著	130 元
4. 鐵證如山的尿療法奇蹟	廖玉山譯	120 元
5. 一日斷食健康法	葉慈容編譯	150 元
6. 胃部強健法	陳炳崑譯	120 元
7. 癌症早期檢查法	廖松濤譯	160 元
8. 老人痴呆症防止法	柯素娥編譯	170 元
9. 松葉汁健康飲料	陳麗芬編譯	150 元
10. 揉肚臍健康法	永井秋夫著	150 元
11. 過勞死、猝死的預防	卓秀貞編譯	130 元
12. 高血壓治療與飲食	藤山順豐著	180 元
13. 老人看護指南	柯素娥編譯	150 元
14. 美容外科淺談	楊啟宏著	150 元
15. 美容外科新境界	楊啟宏著	150 元
16. 鹽是天然的醫生	西英司郎著	140 元
17. 年輕十歲不是夢	梁瑞麟譯	200 元
18. 茶料理治百病	桑野和民著	180 元
20. 杜仲茶養顏減肥法	西田博著	170 元
21. 蜂膠驚人療效	瀨長良三郎著	180 元
22. 蜂膠治百病	瀨長良三郎著	180 元
23. 醫藥與生活	鄭炳全著	180 元
24. 鈣長生寶典	落合敏著	180 元
25. 大蒜長生寶典	木下繁太郎著	160 元
26. 居家自我健康檢查	石川恭三著	160 元
27. 永恆的健康人生	李秀鈴譯	200 元
28. 大豆卵磷脂長生寶典	劉雪卿譯	150 元
29. 芳香療法	梁艾琳譯	160 元
30. 醋長生寶典	柯素娥譯	180 元
31. 從星座透視健康	席拉・吉蒂斯著	180 元
32. 愉悅自在保健學	野本二士夫著	160 元
33. 裸睡健康法	丸山淳士等著	160 元
34. 糖尿病預防與治療	藤山順豐著	180 元
35. 維他命長生寶典	菅原明子著	180 元

36. 維他命 C 新效果	鐘文訓編	150 元
37. 手、腳病理按摩	堤芳朗著	160 元
38. AIDS 瞭解與預防	彼得塔歇爾著	180 元
39. 甲殼質殼聚糖健康法	沈永嘉譯	160 元
40. 神經痛預防與治療	木下真男著	160 元
41. 室內身體鍛鍊法	陳炳崑編著	160 元
42. 吃出健康藥膳	劉大器編著	180 元
43. 自我指壓術	蘇燕謀編著	160 元
44. 紅蘿蔔汁斷食療法	李玉瓊編著	150 元
45. 洗心術健康秘法	竺翠萍編譯	170 元
46. 枇杷葉健康療法	柯素娥編譯	180 元
47. 抗衰血癒	楊啟宏著	180 元
48. 與癌搏鬥記	逸見政孝著	180 元
49. 冬蟲夏草長生寶典	高橋義博著	170 元
50. 痔瘡・大腸疾病先端療法	宮島伸宜著	180 元
51. 膠布治癒頑固慢性病	加瀨建造著	180 元
52. 芝麻神奇健康法	小林貞作著	170 元
53. 香煙能防止癡呆？	高田明和著	180 元
54. 穀菜食治癌療法	佐藤成志著	180 元
55. 貼藥健康法	松原英多著	180 元
56. 克服癌症調和道呼吸法	帶津良一著	180 元
57. B 型肝炎預防與治療	野村喜重郎著	180 元
58. 青春永駐養生導引術	早島正雄著	180 元
59. 改變呼吸法創造健康	原久子著	180 元
60. 荷爾蒙平衡養生秘訣	出村博著	180 元
61. 水美肌健康法	井戶勝富著	170 元
62. 認識食物掌握健康	廖梅珠編著	170 元
63. 痛風劇痛消除法	鈴木吉彥著	180 元
64. 酸莖菌驚人療效	上田明彥著	180 元
65. 大豆卵磷脂治現代病	神津健一著	200 元
66. 時辰療法—危險時刻凌晨 4 時	呂建強等著	180 元
67. 自然治癒力提升法	帶津良一著	180 元
68. 巧妙的氣保健法	藤平墨子著	180 元
69. 治癒 C 型肝炎	熊田博光著	180 元
70. 肝臟病預防與治療	劉名揚編著	180 元
71. 腰痛平衡療法	荒井政信著	180 元
72. 根治多汗症、狐臭	稻葉益巳著	220 元
73. 40 歲以後的骨質疏鬆症	沈永嘉譯	180 元
74. 認識中藥	松下一成著	180 元
75. 認識氣的科學	佐佐木茂美著	180 元
76. 我戰勝了癌症	安田伸著	180 元
77. 斑點是身心的危險信號	中野進著	180 元
78. 艾波拉病毒大震撼	玉川重德著	180 元
79. 重新還我黑髮	桑名隆一郎著	180 元

80. 身體節律與健康　林博史著　180 元
81. 生薑治萬病　石原結實著　180 元
83. 木炭驚人的威力　大槻彰著　200 元
84. 認識活性氧　井土貴司著　180 元
85. 深海鮫治百病　廖玉山編著　180 元
86. 神奇的蜂王乳　井上丹治著　180 元
87. 卡拉 OK 健腦法　東潔著　180 元
88. 卡拉 OK 健康法　福田伴男著　180 元
89. 醫藥與生活　鄭炳全著　200 元
90. 洋蔥治百病　宮尾興平著　180 元
91. 年輕 10 歲快步健康法　石塚忠雄著　180 元
92. 石榴的驚人神效　岡本順子著　180 元
93. 飲料健康法　白鳥早奈英著　180 元
94. 健康棒體操　劉名揚編譯　180 元
95. 催眠健康法　蕭京凌編著　180 元
96. 鬱金（美王）治百病　水野修一著　180 元
97. 醫藥與生活　鄭炳全著　200 元

・實用女性學講座・大展編號 19

1. 解讀女性內心世界　島田一男著　150 元
2. 塑造成熟的女性　島田一男著　150 元
3. 女性整體裝扮學　黃靜香編著　180 元
4. 女性應對禮儀　黃靜香編著　180 元
5. 女性婚前必修　小野十傳著　200 元
6. 徹底瞭解女人　田口二州著　180 元
7. 拆穿女性謊言 88 招　島田一男著　200 元
8. 解讀女人心　島田一男著　200 元
9. 俘獲女性絕招　志賀貢著　200 元
10. 愛情的壓力解套　中村理英子著　200 元
11. 妳是人見人愛的女孩　廖松濤編著　200 元

・校 園 系 列・大展編號 20

1. 讀書集中術　多湖輝著　180 元
2. 應考的訣竅　多湖輝著　150 元
3. 輕鬆讀書贏得聯考　多湖輝著　180 元
4. 讀書記憶秘訣　多湖輝著　180 元
5. 視力恢復！超速讀術　江錦雲譯　180 元
6. 讀書 36 計　黃柏松編著　180 元
7. 驚人的速讀術　鐘文訓編著　170 元
8. 學生課業輔導良方　多湖輝著　180 元
9. 超速讀超記憶法　廖松濤編著　180 元
10. 速算解題技巧　宋釗宜編著　200 元

11. 看圖學英文	陳炳崑編著	200元
12. 讓孩子最喜歡數學	沈永嘉譯	180元
13. 催眠記憶術	林碧清譯	180元
14. 催眠速讀術	林碧清譯	180元
15. 數學式思考學習法	劉淑錦譯	200元
16. 考試憑要領	劉孝暉著	180元
17. 事半功倍讀書法	王毅希著	200元
18. 超金榜題名術	陳蒼杰譯	200元
19. 靈活記憶術	林耀慶編著	180元
20. 數學增強要領	江修楨編著	180元
21. 使頭腦靈活的數學	逢澤明著	200元
22. 難解數學破題	宋釗宜著	200元

・實用心理學講座・大展編號 21

1. 拆穿欺騙伎倆	多湖輝著	140元
2. 創造好構想	多湖輝著	140元
3. 面對面心理術	多湖輝著	160元
4. 偽裝心理術	多湖輝著	140元
5. 透視人性弱點	多湖輝著	180元
6. 自我表現術	多湖輝著	180元
7. 不可思議的人性心理	多湖輝著	180元
8. 催眠術入門	多湖輝著	150元
9. 責罵部屬的藝術	多湖輝著	150元
10. 精神力	多湖輝著	150元
11. 厚黑說服術	多湖輝著	150元
12. 集中力	多湖輝著	150元
13. 構想力	多湖輝著	150元
14. 深層心理術	多湖輝著	160元
15. 深層語言術	多湖輝著	160元
16. 深層說服術	多湖輝著	180元
17. 掌握潛在心理	多湖輝著	160元
18. 洞悉心理陷阱	多湖輝著	180元
19. 解讀金錢心理	多湖輝著	180元
20. 拆穿語言圈套	多湖輝著	180元
21. 語言的內心玄機	多湖輝著	180元
22. 積極力	多湖輝著	180元

・超現實心靈講座・大展編號 22

1. 超意識覺醒法	詹蔚芬編譯	130元
2. 護摩秘法與人生	劉名揚編譯	130元
3. 秘法！超級仙術入門	陸明譯	150元
4. 給地球人的訊息	柯素娥編著	150元

5.	密教的神通力	劉名揚編著	130 元
6.	神秘奇妙的世界	平川陽一著	200 元
7.	地球文明的超革命	吳秋嬌譯	200 元
8.	力量石的秘密	吳秋嬌譯	180 元
9.	超能力的靈異世界	馬小莉譯	200 元
10.	逃離地球毀滅的命運	吳秋嬌譯	200 元
11.	宇宙與地球終結之謎	南山宏著	200 元
12.	驚世奇功揭秘	傅起鳳著	200 元
13.	啟發身心潛力心象訓練法	栗田昌裕著	180 元
14.	仙道術遁甲法	高藤聰一郎著	220 元
15.	神通力的秘密	中岡俊哉著	180 元
16.	仙人成仙術	高藤聰一郎著	200 元
17.	仙道符咒氣功法	高藤聰一郎著	220 元
18.	仙道風水術尋龍法	高藤聰一郎著	200 元
19.	仙道奇蹟超幻像	高藤聰一郎著	200 元
20.	仙道鍊金術房中法	高藤聰一郎著	200 元
21.	奇蹟超醫療治癒難病	深野一幸著	220 元
22.	揭開月球的神秘力量	超科學研究會	180 元
23.	西藏密教奧義	高藤聰一郎著	250 元
24.	改變你的夢術入門	高藤聰一郎著	250 元
25.	21 世紀拯救地球超技術	深野一幸著	250 元

・養　生　保　健・大展編號 23

1.	醫療養生氣功	黃孝寬著	250 元
2.	中國氣功圖譜	余功保著	250 元
3.	少林醫療氣功精粹	井玉蘭著	250 元
4.	龍形實用氣功	吳大才等著	220 元
5.	魚戲增視強身氣功	宮　嬰著	220 元
6.	嚴新氣功	前新培金著	250 元
7.	道家玄牝氣功	張　章著	200 元
8.	仙家秘傳袪病功	李遠國著	160 元
9.	少林十大健身功	秦慶豐著	180 元
10.	中國自控氣功	張明武著	250 元
11.	醫療防癌氣功	黃孝寬著	250 元
12.	醫療強身氣功	黃孝寬著	250 元
13.	醫療點穴氣功	黃孝寬著	250 元
14.	中國八卦如意功	趙維漢著	180 元
15.	正宗馬禮堂養氣功	馬禮堂著	420 元
16.	秘傳道家筋經內丹功	王慶餘著	300 元
17.	三元開慧功	辛桂林著	250 元
18.	防癌治癌新氣功	郭　林著	180 元
19.	禪定與佛家氣功修煉	劉天君著	200 元
20.	顛倒之術	梅自強著	360 元

21. 簡明氣功辭典 吳家駿編 360元
22. 八卦三合功 張全亮著 230元
23. 朱砂掌健身養生功 楊永著 250元
24. 抗老功 陳九鶴著 230元
25. 意氣按穴排濁自療法 黃啟運編著 250元
26. 陳式太極拳養生功 陳正雷著 200元
27. 健身祛病小功法 王培生著 200元
28. 張式太極混元功 張春銘著 250元
29. 中國璇密功 羅琴編著 250元
30. 中國少林禪密功 齊飛龍著 200元
31. 郭林新氣功 郭林新氣功研究所 400元
32. 太極 八卦之源與健身養生 鄭志鴻等著 280元

・社會人智囊・大展編號 24

1. 糾紛談判術 清水增三著 160元
2. 創造關鍵術 淺野八郎著 150元
3. 觀人術 淺野八郎著 200元
4. 應急詭辯術 廖英迪編著 160元
5. 天才家學習術 木原武一著 160元
6. 貓型狗式鑑人術 淺野八郎著 180元
7. 逆轉運掌握術 淺野八郎著 180元
8. 人際圓融術 澀谷昌三著 160元
9. 解讀人心術 淺野八郎著 180元
10. 與上司水乳交融術 秋元隆司著 180元
11. 男女心態定律 小田晉著 180元
12. 幽默說話術 林振輝編著 200元
13. 人能信賴幾分 淺野八郎著 180元
14. 我一定能成功 李玉瓊譯 180元
15. 獻給青年的嘉言 陳蒼杰譯 180元
16. 知人、知面、知其心 林振輝編著 180元
17. 塑造堅強的個性 坂上肇著 180元
18. 為自己而活 佐藤綾子著 180元
19. 未來十年與愉快生活有約 船井幸雄著 180元
20. 超級銷售話術 杜秀卿譯 180元
21. 感性培育術 黃靜香編著 180元
22. 公司新鮮人的禮儀規範 蔡媛惠譯 180元
23. 傑出職員鍛鍊術 佐佐木正著 180元
24. 面談獲勝戰略 李芳黛譯 180元
25. 金玉良言撼人心 森純大著 180元
26. 男女幽默趣典 劉華亭編著 180元
27. 機智說話術 劉華亭編著 180元
28. 心理諮商室 柯素娥譯 180元
29. 如何在公司崢嶸頭角 佐佐木正著 180元

30.	機智應對術	李玉瓊編著	200 元
31.	克服低潮良方	坂野雄二著	180 元
32.	智慧型說話技巧	沈永嘉編著	180 元
33.	記憶力、集中力增進術	廖松濤編著	180 元
34.	女職員培育術	林慶旺編著	180 元
35.	自我介紹與社交禮儀	柯素娥編著	180 元
36.	積極生活創幸福	田中真澄著	180 元
37.	妙點子超構想	多湖輝著	180 元
38.	說 NO 的技巧	廖玉山編著	180 元
39.	一流說服力	李玉瓊編著	180 元
40.	般若心經成功哲學	陳鴻蘭編著	180 元
41.	訪問推銷術	黃靜香編著	180 元
42.	男性成功秘訣	陳蒼杰編著	180 元
43.	笑容、人際智商	宮川澄子著	180 元
44.	多湖輝的構想工作室	多湖輝著	200 元
45.	名人名語啟示錄	喬家楓著	180 元
46.	口才必勝術	黃柏松編著	220 元
47.	能言善道的說話秘訣	章智冠編著	180 元
48.	改變人心成為贏家	多湖輝著	200 元
49.	說服的ＩＱ	沈永嘉譯	200 元
50.	提升腦力超速讀術	齊藤英治著	200 元
51.	操控對手百戰百勝	多湖輝著	200 元
52.	面試成功戰略	柯素娥編著	200 元
53.	摸透男人心	劉華亭編著	180 元
54.	撼動人心優勢口才	龔伯牧編著	180 元
55.	如何使對方說 yes	程　羲編著	200 元
56.	小道理・美好生活	林政峰編著	180 元
57.	拿破崙智慧箴言	柯素娥編著	200 元
58.	解開第六感之謎	匠英一編著	200 元
59.	讀心術入門	王嘉成編著	180 元
60.	這趟人生怎麼走	李亦盛編著	200 元
61.	這趟人生無限好	李亦盛編著	200 元

・精　選　系　列・大展編號 25

1.	毛澤東與鄧小平	渡邊利夫等著	280 元
2.	中國大崩裂	江戶介雄著	180 元
3.	台灣・亞洲奇蹟	上村幸治著	220 元
4.	7-ELEVEN 高盈收策略	國友隆一著	180 元
5.	台灣獨立（新・中國日本戰爭一）	森詠著	200 元
6.	迷失中國的末路	江戶雄介著	220 元
7.	2000 年 5 月全世界毀滅	紫藤甲子男著	180 元
8.	失去鄧小平的中國	小島朋之著	220 元
9.	世界史爭議性異人傳	桐生操著	200 元

10. 淨化心靈享人生　松濤弘道著　220 元
11. 人生心情診斷　賴藤和寬著　220 元
12. 中美大決戰　檜山良昭著　220 元
13. 黃昏帝國美國　莊雯琳譯　220 元
14. 兩岸衝突（新・中國日本戰爭二）　森詠著　220 元
15. 封鎖台灣（新・中國日本戰爭三）　森詠著　220 元
16. 中國分裂（新・中國日本戰爭四）　森詠著　220 元
17. 由女變男的我　虎井正衛著　200 元
18. 佛學的安心立命　松濤弘道著　220 元
19. 世界喪禮大觀　松濤弘道著　280 元
20. 中國內戰（新・中國日本戰爭五）　森詠著　220 元
21. 台灣內亂（新・中國日本戰爭六）　森詠著　220 元
22. 琉球戰爭①（新・中國日本戰爭七）　森詠著　220 元
23. 琉球戰爭②（新・中國日本戰爭八）　森詠著　220 元
24. 台海戰爭（新・中國日本戰爭九）　森詠著　220 元
25. 美中開戰（新・中國日本戰爭十）　森詠著　220 元
26. 東海戰爭①（新・中國日本戰爭十一）森詠著　220 元
27. 東海戰爭②（新・中國日本戰爭十二）森詠著　220 元

・運 動 遊 戲・大展編號 26

1. 雙人運動　李玉瓊譯　160 元
2. 愉快的跳繩運動　廖玉山譯　180 元
3. 運動會項目精選　王佑京譯　150 元
4. 肋木運動　廖玉山譯　150 元
5. 測力運動　王佑宗譯　150 元
6. 游泳入門　唐桂萍編著　200 元
7. 帆板衝浪　王勝利譯　300 元
8. 蛙泳七日通　溫仲華編著　180 元
9. 中老年人游泳指導　溫仲華著　180 元
10. 爬泳(自由式)技術與練習　吳河海著　180 元
11. 仰泳技術與練習　吳河海著　180 元
12. 蝶泳技術與練習　吳河海著　180 元
20. 乒乓球發球與接發球　張良西著　200 元
21. 乒乓球雙打　李浩松著　180 元
22. 乒乓球削球　王蒲主編　220 元
23. 乒乓球打法與戰術　岳海鵬編著　220 元
24. 乒乓球步法的技巧　張博著

・休 閒 娛 樂・大展編號 27

1. 海水魚飼養法　田中智浩著　300 元
2. 金魚飼養法　曾雪玫譯　250 元
3. 熱門海水魚　毛利匡明著　480 元

4.	愛犬的教養與訓練	池田好雄著	250 元
5.	狗教養與疾病	杉浦哲著	220 元
6.	小動物養育技巧	三上昇著	300 元
7.	水草選擇、培育、消遣	安齊裕司著	300 元
8.	四季釣魚法	釣朋會著	200 元
9.	簡易釣魚入門	張果馨譯	200 元
10.	防波堤釣入門	張果馨譯	220 元
11.	透析愛犬習性	沈永嘉譯	200 元
20.	園藝植物管理	船越亮二著	220 元
21.	實用家庭菜園ＤＩＹ	孔翔儀著	200 元
30.	汽車急救ＤＩＹ	陳瑞雄編著	200 元
31.	巴士旅行遊戲	陳羲編著	180 元
32.	測驗你的ＩＱ	蕭京凌編著	180 元
33.	益智數字遊戲	廖玉山編著	180 元
40.	撲克牌遊戲與贏牌秘訣	林振輝編著	180 元
41.	撲克牌魔術、算命、遊戲	林振輝編著	180 元
42.	撲克占卜入門	王家成編著	180 元
50.	兩性幽默	幽默選集編輯組	180 元
51.	異色幽默	幽默選集編輯組	180 元
52.	幽默魔法鏡	玄虛叟編著	180 元
53.	幽默樂透站	玄虛叟編著	180 元
70.	亞洲真實恐怖事件	楊鴻儒譯	200 元

・銀髮族智慧學・大展編號 28

1.	銀髮六十樂逍遙	多湖輝著	170 元
2.	人生六十反年輕	多湖輝著	170 元
3.	六十歲的決斷	多湖輝著	170 元
4.	銀髮族健身指南	孫瑞台編著	250 元
5.	退休後的夫妻健康生活	施聖茹譯	200 元

・飲 食 保 健・大展編號 29

1.	自己製作健康茶	大海淳著	220 元
2.	好吃、具藥效茶料理	德永睦子著	220 元
3.	改善慢性病健康藥草茶	吳秋嬌譯	200 元
4.	藥酒與健康果菜汁	成玉編著	250 元
5.	家庭保健養生湯	馬汴梁編著	220 元
6.	降低膽固醇的飲食	早川和志著	200 元
7.	女性癌症的飲食	女子營養大學	280 元
8.	痛風者的飲食	女子營養大學	280 元
9.	貧血者的飲食	女子營養大學	280 元
10.	高脂血症者的飲食	女子營養大學	280 元
11.	男性癌症的飲食	女子營養大學	280 元

國家圖書館出版品預行編目資料

用心教養孩子／王欣筑　著
——初版，——臺北市，大展，2003〔民 92〕
面；21 公分，——（親子系列；6）
ISBN　957-468-239-0（平裝）
1.親職教育　2.父母與子女　3.兒童心理學
528.21　　　　　　　　　　　　92011056

用心教養孩子

ISBN 957-468-239-0

編　　著／王 欣 筑
發 行 人／蔡 森 明
出 版 者／大展出版社有限公司
社　　址／台北市北投區（石牌）致遠一路 2 段 12 巷 1 號
電　　話／（02）28236031・28236033・28233123
傳　　眞／（02）28272069
郵政劃撥／01669551
網　　址／www.dah_jaan.com.tw
E-mail ／dah_jaan@pchome.net.tw
登 記 證／局版臺業字第 2171 號
承 印 者／高星印刷品行
裝　　訂／協億印製廠股份有限公司
排 版 者／弘益電腦排版有限公司
初版 1 刷／2003 年（民 92 年）9 月
初版發行／2003 年（民 92 年）　月

定　價／200 元

大展好書　好書大展
品嘗好書　冠群可期

大展好書　好書大展
品嘗好書　冠群可期